CB024522

ATLAS DE CARDIOLOGIA

DA PATOLOGIA AO DIAGNÓSTICO

Dados Internacionais de Catalogação na Publicação (CIP)
(Câmara Brasileira do Livro, SP, Brasil)

Atlas de Cardiologia: da patologia ao diagnóstico /
Eduardo Maffini da Rosa... [*et al.*]. – 1ª ed. – São
Paulo: Ícone, 2012.

Outros autores: Camila Viecceli, Carolina Fedrizzi El
Andari, Edna de Freitas Lopes, Marcio Fernando Spagnól.
Vários coautores.
Bibliografia.
ISBN 978-85-274-1188-2

1. Cardiologia. 2. Coração – Doenças I. Rosa, Eduardo Maffini da. II. Viecceli, Camila. III. Andari, Carolina
Fedrizzi El Andari. IV. Lopes, Edna de Freitas. V. Sapag-
nól, Marcio Fernando.

11-08534

CDU-616.12
NLM-WG 100

Índices para catálogo sistemático:
1. Cardiologia: Medicina   616.12

ATLAS DE CARDIOLOGIA

DA PATOLOGIA AO DIAGNÓSTICO

EDUARDO MAFFINI DA ROSA

CAMILA VIECCELI

CAROLINA FEDRIZZI EL ANDARI

EDNA DE FREITAS LOPES

MARCIO FERNANDO SPAGNÓL

1ª edição

Brasil

2012

Ícone editora

© Copyright 2012
Ícone Editora Ltda.

Revisão Técnica
Eduardo Maffini da Rosa

Revisão
Edna de Freitas Lopes
Juliana Biggi

Capa
Richard Veiga

Diagramação
Adriano Oliveski
Richard Veiga

Desenhos
Paulo Alberto Guizzo

Edição de Imagens
Adriano Oliveski
Camila Viecceli
Richard Veiga

Fotografia
Bibiana Borges do Amaral

Todos os direitos reservados à:
ÍCONE EDITORA LTDA.
Rua Anhanguera, 56 – Barra Funda
CEP: 01135-000 – São Paulo/SP
Fone/Fax.: (11) 3392-7771
www.iconeeditora.com.br
iconevendas@iconeeditora.com.br

AUTORES

EDUARDO MAFFINI DA ROSA

Médico Cardiologista. Doutor em Cardiologia pelo Instituto de Cardiologia do RS – Fundação Universitária de Cardiologia (IC/FUC). Professor do Curso de Medicina do Centro de Ciências da Saúde/Universidade de Caxias do Sul (UCS). Orientador da Liga Acadêmica de Estudos e Ações em Cardiologia (LAEAC). Autor dos livros *Pesquisa Clínica: uma abordagem prática*, Editora Ícone, 2010; *Fármacos em Cardiologia*, Editora Roca, 2010; e *Atualização em Cardiologia 2009*, Editora Ícone.

CAMILA VIECCELI

Acadêmica do 11º semestre do Curso de Medicina da Universidade de Caxias do Sul. Coordenadora da LAEAC. Coautora do livro *Fármacos em Cardiologia*, Editora Roca, 2010 e autora do livro *Atualização em Cardiologia 2009*, Editora Ícone.

CAROLINA FEDRIZZI EL ANDARI

Acadêmica do 10º semestre do Curso de Medicina da Universidade de Caxias do Sul. Presidente da LAEAC. Coautora do livro *Fármacos em Cardiologia*, Editora Roca, 2010, autora do livro *Atualização em Cardiologia 2009*, Editora Ícone.

EDNA DE FREITAS LOPES

Acadêmica do 10º semestre do Curso de Medicina da Universidade de Caxias do Sul. Coordenadora da LAEAC. Autora dos livros *Pesquisa Clínica: uma abordagem prática*, Editora Ícone, 2010; *Fármacos em Cardiologia*, Editora Roca, 2010; e revisora do livro *Atualização em Cardiologia 2009*, Editora Ícone.

MARCIO FERNANDO SPAGNÓL

Médico formado pela Universidade de Caxias do Sul. Residente de Medicina Interna do Hospital Nossa Senhora da Conceição em Porto Alegre/RS. Ex-presidente da LAEAC. Autor dos livros *Fármacos em Cardiologia*, Editora Roca, 2010 e *Atualização em Cardiologia 2009*, Editora Ícone.

COAUTORES

Acadêmicos do Curso de Medicina da Universidade de Caxias do Sul
Membros da Liga Acadêmica de Estudos e Ações em Cardiologia

ANA CLÁUDIA GRACIOLLI TOMAZI
BRUNA ZUSE VALIATI
CINTIA PAOLA SCOPEL
CRISLEI CASAMALI
DANIEL ONGARATTO BARAZZETTI
GABRIELA PAVAN
GUILHERME RASIA BOSI
KAMILA GIMENES
LUCÍDIO BUSNELLO
LUIZA ROSSI
MAICON JOEL CIMAROSTI
MARIANA GABRIELA MANDELLI
MARIANA MENEGOTTO
MARINA GUERRA
MARINA MANTESSO
TATIANE OLIVEIRA DE SOUZA
VIVIANE GEHLEN
WILLIAN CENCI TORMEN

PREFÁCIO

O estudo da cardiologia é indispensável para a boa formação do médico, já que a incidência de doenças cardiovasculares vem aumentando ao longo dos anos, constituindo-se na principal causa de morte no mundo. É sabido ainda que durante a formação acadêmica e na prática clínica enfrentamos momentos nos quais nos deparamos com dificuldades para realizar alguns diagnósticos ou interpretar exames, dificuldade esta que cresce ainda mais, visto que a evolução da medicina e principalmente o desenvolvimento de tecnologias mais modernas, aliados à crescente criação de novos métodos diagnósticos, trazem uma grande e séria tarefa aos médicos: saber avaliar e decidir, com racionalidade, qual método diagnóstico utilizar e como interpretá-lo de forma clara, rápida e objetiva.

O *Atlas de Cardiologia: da patologia ao diagnóstico* tem como objetivo auxiliar estudantes e médicos a reconhecer, por meio de exames de imagens e esquemas em desenho, as principais patologias envolvidas na prática cardiológica, correlacionando estes dados com as suas alterações anatômicas e fisiológicas, com enfoque principal nos métodos diagnósticos e nas suas interpretações. Para o desenvolvimento deste livro, utilizamos recursos de imagens, algumas fotos de exames, além de desenhos e esquemas, ancorados nas descrições das patologias abordadas em cada capítulo.

Em meu nome e dos demais autores e colaboradores, desejo que este seja um instrumento de conhecimento, que o auxiliará tanto na prática clínica diária, quanto no meio acadêmico. Boa leitura!

Camila Viecceli

ÍNDICE

INTRODUÇÃO

Este atlas de cardiologia foi criado com as principais patologias cardíacas, tendo como critério de seleção a sua taxa de ocorrência na prática clínica cotidiana. Ao desenvolvê-lo, partiu-se do racional de que os diferentes exames de um caso clínico são observadores privilegiados de um fenômeno único, que altera a normalidade estrutural e funcional cardíaca.

Desta forma, busca-se, didaticamente, explicitar as anormalidades que mais frequentemente são encontradas nos exames diagnósticos, oferecendo este atlas como um instrumento pedagógico de formação e sedimentação de conhecimento, no qual o leitor encontrará os exames de uso corrente, tais como: o eletrocardiograma, a radiografia de tórax e o ecocardiograma, os quais descrevem cada uma das alterações patológicas encontradas em cada capítulo.

Ressaltamos que os exames acima citados foram eleitos por serem os mais difundidos na prática médica em todos os locais do território nacional. Contudo, em alguns capítulos, outros exames também são apresentados, devido a sua relevância na patologia em estudo. Ressaltamos ainda que este livro não visa oferecer o diagnóstico diferencial da anormalidade encontrada em cada exame, nem as apresentações raras das diferentes doenças. Aqui o leitor irá encontrar o padrão médio e real de impressão das patologias cardíacas.

Entendemos que, na prática clínica, o caminho a ser percorrido pelo médico será o contrário, pois este terá que chegar à patologia cardíaca iniciando pela anamnese e exame físico para, a partir daí, formular hipóteses diagnósticas e confirmá-las por meio de exames complementares. Sendo assim, em vista do objetivo deste atlas, pode haver a sensação de descarte dos métodos semióticos no diagnóstico das doenças cardíacas, por isso, para harmonizar e contextualizar os ensinamentos contidos nos próximos capítulos, com a importância da semiologia cardiológica, a qual indiscutivelmente é um dos alicerces da construção diagnóstica, este atlas traz, na parte final de cada capítulo, uma breve revisão da literatura sobre a doença em discussão, enfocando também os seus aspectos semiológicos. Sendo que todos os capítulos têm um formato padronizado, iniciando pela apresentação esquemática da patologia cardíaca, seguida de sua descrição e dos exames complementares com seus respectivos laudos e desenhos esquemático-explicativos, permitindo ao leitor a interpretação dos achados e a sua correlação com a patologia em estudo.

Dito isso, esperamos que os leitores, ao fazerem uso do presente livro, passem a valorizar a história natural das doenças cardíacas, trabalhem com ela na prática clínica diária e não mais permitam a substituição do conhecimento médico de cumulado em milênios, por baterias de exames "completas", as quais muitas vezes são usadas como chaves diagnósticas. Que este atlas leve a mensagem de valorização da formação acadêmica do médico e que o conhecimento da história natural das patologias passe a assumir o devido controle das investigações diagnósticas.

Eduardo Maffini da Rosa

CAPÍTULO 1

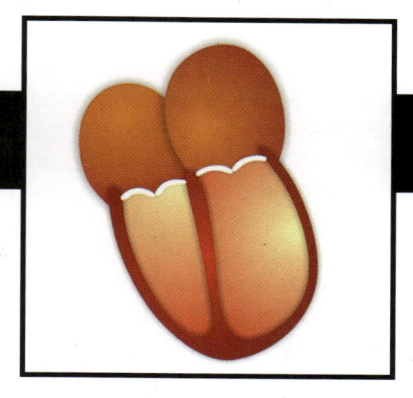

CARDIOMIOPATIA DILATADA IDIOPÁTICA

EDUARDO MAFFINI DA ROSA
MARCIO FERNANDO SPAGNÓL
GABRIELA PAVAN
MARINA MANTESSO

A miocardiopatia dilatada apresenta-se com um aumento das duas cavidades esquerdas, ou das quatro cavidades, tudo na dependência da etiologia da miocardiopatia e da associação, ou não, de hipertensão arterial pulmonar que, quando presente, acarreta aumento do ventrículo direito e do átrio direito.

CARDIOMIOPATIA DILATADA IDIOPÁTICA

Eduardo Maffini da Rosa
Marcio Fernando Spagnól
Gabriela Pavan
Marina Mantesso

DEFINIÇÃO

É uma doença de evolução crônica que leva à disfunção sistólica com consequente dilatação ventricular, acometendo, predominantemente, o ventrículo esquerdo (VE).

É definida como uma doença primária do coração e considerada idiopática quando não houver causas específicas relacionadas. No Brasil, é de extrema importância descartar a possibilidade de doença de Chagas, por meio de diagnóstico sorológico e dados epidemiológicos, visto que esta doença, causada pelo *Trypanosoma cruzi*, afeta 15% da população rural da América do Sul, estando presente também na América Central.

Estudos mostram que 20% a 33% dos pacientes com cardiomiopatia dilatada idiopática possuem casos familiares da doença, sugerindo, então, um fator genético. Contudo, sabe-se que há uma forma reversível de CMPD, que ocorre em caso de uso abusivo de bebidas alcoólicas, doença tireoidiana, gravidez, taquicardia crônica não controlada e uso de cocaína.

EPIDEMIOLOGIA

A frequência de casos assintomáticos de disfunção ventricular esquerda é alta, no entanto, pessoas com mais de 55 anos geralmente vão a óbito nos primeiros quatro anos do início dos sintomas. Na maioria dos casos, a morte decorre de taqui ou bradiarritmias ventriculares, devendo-se levar em conta o cuidado ao administrar anticoagulantes para esses pacientes, visto que a embolia sistêmica também pode ser um fator de risco.

O prognóstico da CMPD, no entanto, é melhor do que o da cardiomiopatia isquêmica que se relaciona com a fibrose miocárdica difusa, a qual acaba prejudicando a função do VE.

Em geral os homens são mais afetados do que as mulheres, e os pacientes caucasianos têm menor probabilidade de evoluir o quadro clínico da doença do que os afrodescendentes. Porém, a CMPD, na África, é considerada uma causa comum de insuficiência cardíaca. Já a cardiomiopatia periparto é mais comum na África do que na Europa e na América do Norte. Esta, por sua vez, geralmente ocorre durante o último mês de gravidez, ou no período de seis meses após o parto, acometendo, predominantemente, mulheres com idade mais elevada.

Em sua totalidade, a incidência de CMPD é de cinco a oito casos por 1000.000 habitantes depois de 1980 e a prevalência é de 37 casos por 100.000 indivíduos.

QUADRO CLÍNICO

A CMPD pode causar sintomas arrítmicos ou embólicos e, ainda, intolerância e debilidade durante esforços físicos. Até mesmo os mínimos esforços podem produzir sintomas congestivos, devido à retenção de líquido e à diminuição da complacência ventricular. Como consequência, a fração de ejeção também diminui. Contudo os sintomas mais frequentes são edema de membros inferiores (MMII), fadiga, dispneia e ortopneia.

É de extrema importância correlacionar quadros de bradiarritmias e taquiarritmias com a CMPD, uma vez que podem surgir como manifestações iniciais da doença. Outro sinal que pode estar relacionado à fase inicial e que se origina dos ventrículos ou átrios dilatados, muitas vezes relacionados com fibrilação atrial, são os êmbolos sistêmicos. As arritmias supraventriculares e ventriculares são, na maioria das vezes, comuns na CMPD e a ocorrência de morte súbita está relacionada à fibrilação ventricular e à taquicardia.

Lesões causadas por miocardite viral podem estar associadas a cardiomiopatias humanas, cujas causas específicas são inexplicáveis. No entanto, este assunto ainda é tema de discussão entre especialistas. O fato é que a maioria das cardiomiopatias tem como consequência a perda irreversível dos miócitos, bem como anomalias secundárias que, em alguns casos, podem representar danos reversíveis ao miocárdio.

O exame físico deve analisar a compensação circulatória sistêmica, achados extracardíacos de causas específicas para cardiomiopatia e sinais de anomalias intracardíacas.

O estado hemodinâmico de repouso é analisado segundo a detecção de pressões venosas jugulares elevadas, congestão, ortopneia, distensão hepática e ascite, refluxo hepatojugular anormal e edema periférico. Na maioria dos casos a perfusão pode ser bem avaliada,

quando a diferença entre PA sistólica e PA diastólica excede 25% da PA sistólica, levando em conta o índice cardíaco de 2,2 litros/minuto/m². São sinais de hipoperfusão: a) sinal mental vago, b) taquicardia, c) extremidades frias. No mais, se a hemodinâmica de repouso não estiver alterada, uma caminhada de seis minutos pode avaliar a reserva cardíaca funcional.

Os sinais físicos cardíacos típicos são B3 e B4 frequentemente audíveis, com B3 hiperfonética, induzindo sobrecarga de volume ventricular. No entanto, ausência de B3 e B4 não indica ausência de insuficiência cardíaca (IC). Outros sinais são sopro de insuficiência tricúspide e mitral, além de cardiomegalia.

É importante salientar que o exame cardíaco é específico para cada tipo de cardiomiopatia, sendo que na CMPD o *ictus*, de modo geral, é difuso, mas não é persistente. O *ictus* de VE aparece deslocado lateralmente e o *ictus* de VD distinto pode ser encontrado sob o apêndice xifoide e ao longo da borda esternal durante a inspiração.

DIAGNÓSTICO

Os exames consistem em ecocardiograma, exame inicial na maioria dos pacientes, com o aparecimento de câmaras car-

díacas dilatadas, redução da função sistólica e dos movimentos das paredes ventriculares.

O eletrocardiograma (ECG) apresenta achado de bloqueio de ramo esquerdo em 20%, anormalidades inespecíficas da onda T, taquicardia sinusal, evolução insatisfatória da onda R e voltagem mais elevada em V6 do que em V5, além de prolongamento inespecífico do complexo QRS. O prolongamento de intervalo P-R é comum e pode estar associado a uma piora da sobrevida. Pode ocorrer fibrilação atrial e, em geral, são encontradas anormalidades no átrio esquerdo (AE).

A radiografia de tórax também é utilizada para diagnosticar cardiomegalia, mostrando, com frequência, mais o grau de dilatação do ventrículo direito (VD) do que do VE e, em pacientes com CMPD, deve ser considerada a cineangiocoronariografia, com o objetivo de excluir anomalias coronárias ou aterosclerose.

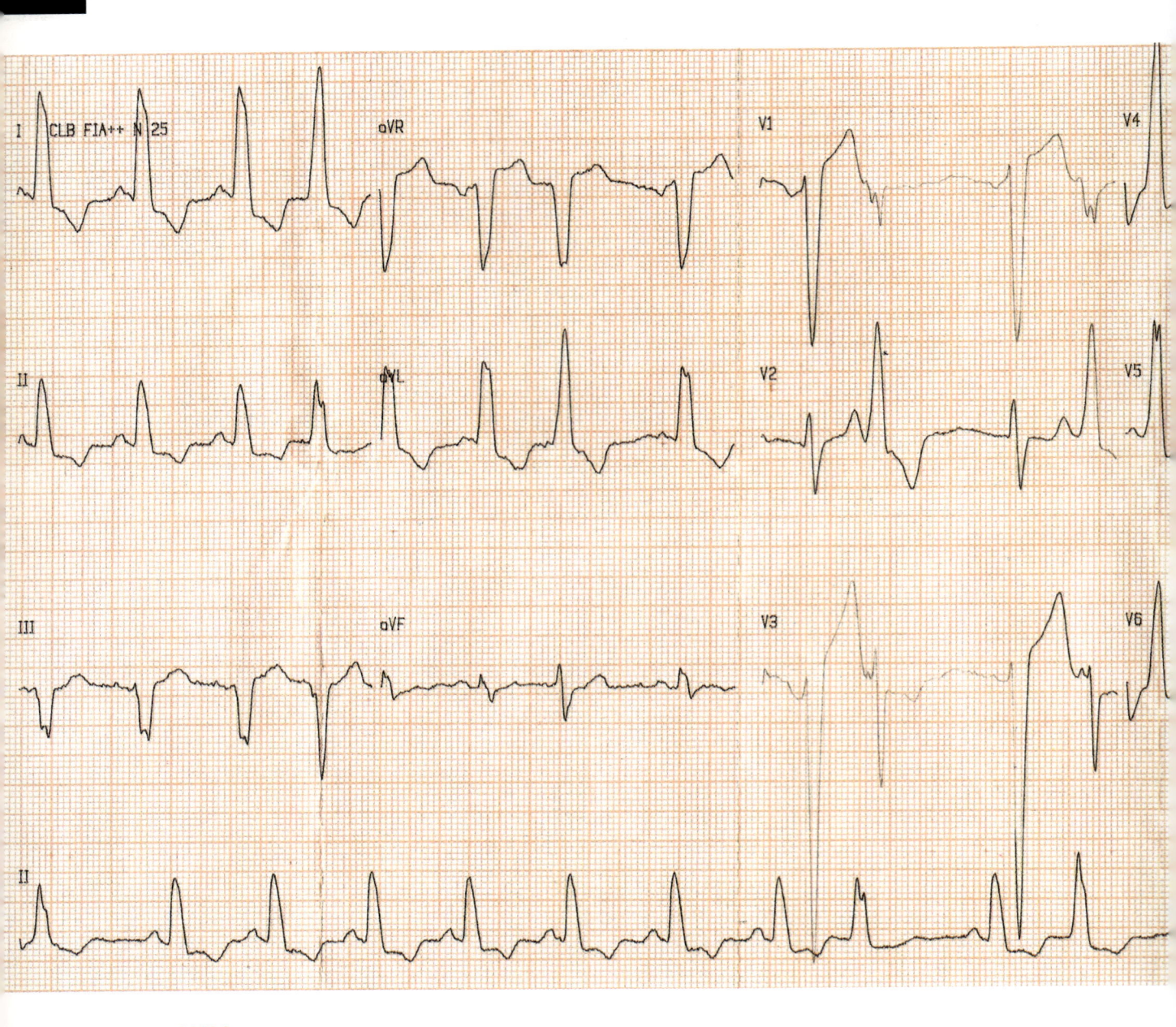

LAUDO

Ritmo sinusal, FC: 70 bpm, Distúrbio de condução do QRS.

DESCRIÇÃO

O aumento do átrio esquerdo é observado junto à onda P, que se apresenta aumentada em sua duração (> 10 ms), em especial nas derivações D2 e V1. Quando a miocardiopatia compromete o átrio direito, a onda P fica apiculada e com amplitude superior a 1 mv. O comprometimento do ventrículo esquerdo é observado no QRS, que tem aumento de sua duração e apresenta aberrações estruturais, bloqueio de ramo esquerdo, desvio de eixo cardíaco. Secundariamente às alterações do QRS surgem alterações no seguimento ST e na onda T, como infradesnivelamento e inversões da onda T.

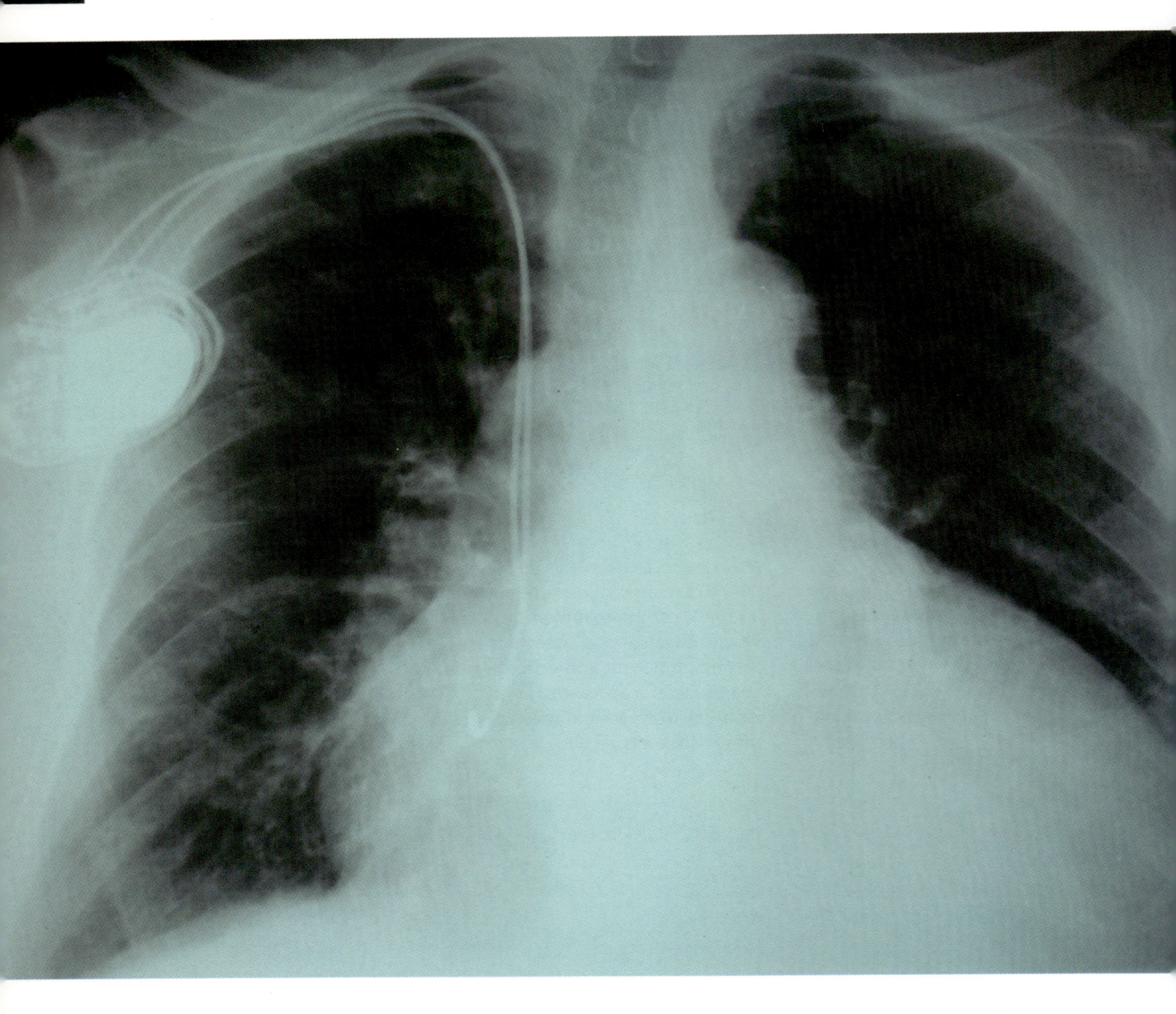

LAUDO

Aumento da área cardíaca secundário ao crescimento das quatro cavidades.

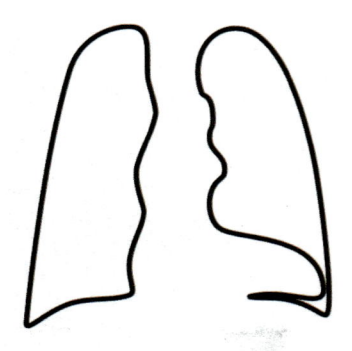

DESCRIÇÃO

O aumento do ventrículo esquerdo é observado na borda esquerda inferior da silhueta cardíaca esquerda, que se desloca em direção ao ângulo costofrênico. Pode haver aumento do átrio esquerdo, que se caracteriza por horizontalização do brônquio-fonte esquerdo. Também pode haver crescimento das cavidades diretas na dependência da etiologia da cardiopatia. O aumento do ventrículo direito apresenta-se como uma boceladura na borda esquerda superior da silhueta cardíaca. O aumento do átrio direito apresenta-se como um abaulamento da borda direita inferior da silhueta cardíaca. O derrame pleural é visualizado na mudança de conformação do ângulo costofrênico, ou seja, ele deixa de ter uma forma angular e aguda para se tornar côncavo. A congestão pulmonar é evidenciada pela presença de pequenas linhas brancas e finas na porção inferior dos pulmões. A congestão alveolar é identificada quando os brônquios passam a ser visualizados, o que recebe o nome de broncograma aéreo. Os vasos sanguíneos dos ápices ficam mais evidentes e passam a apresentar uma relação 1:1 com os vasos da base dos pulmões. A este achado damos o nome de inversão de fluxo. OBS.: os sinais que compõe a inversão de fluxo (derrame pleural e volume cardíaco) são alterados pelo decúbito do paciente.

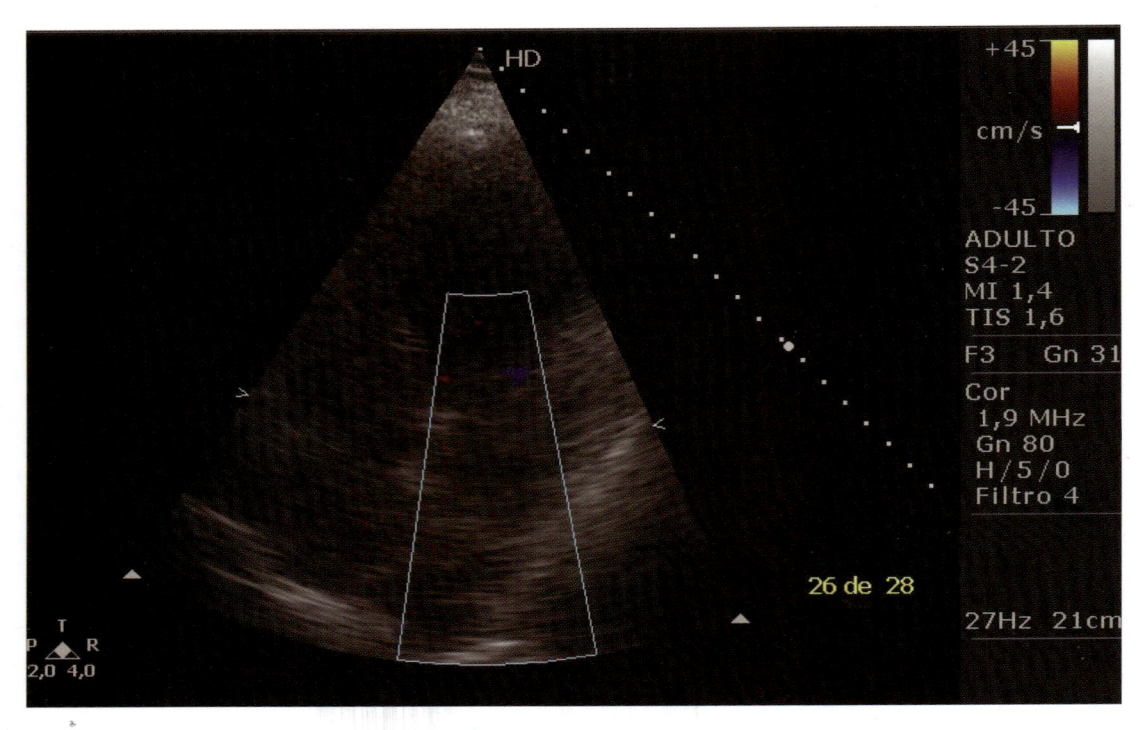

LAUDO

Aumento das cavidades esquerdas. Disfunção diastólica do tipo relaxamento alterado. Disfunção contrátil do ventrículo esquerdo de grau leve. Insuficiência mitral leve.

DESCRIÇÃO

O aumento das cavidades é observado no início do exame, pois a cavidade do ventrículo esquerdo fica aumentada e com formato arredondado. Frequentemente associado a uma redução da capacidade de espessamento das paredes e septo ventriculares.

As medidas são feitas no modo M. Diâmetro ventricular diastólico acima de 55mm ou diâmetro ventricular sistólico superior a 38mm são considerados aumentados. Na mesma janela (paraesternal esquerda) se observa o crescimento do átrio esquerdo. A função sistólica fica reduzida em maior ou menor grau e tem na fração de ejeção seu principal indicador. A fração de ejeção inferior a 55% passa a ser considerada reduzida. Com a dilatação das cavidades, os folhetos das valvas atrioventriculares, que estão inseridos num anel junto às paredes do ventrículo, se afastam e isso permite o surgimento de insuficiências valvares funcionais (insuficiência mitral e tricúspide), observadas no aplicativo color.

A biópsia deve ser considerada nos seguintes casos: pacientes com cardiomiopatia crônica sem causa específica, pacientes que apresentam sintomas e têm sinais de três a seis meses. Grande parte dos pacientes que apresentam a doença tem variações no tamanho dos miócitos, fibrose e hipertrofia nuclear. A biópsia tem indicação definida para monitoramento de rejeição de transplantes e cardio-toxicidade da antraciclina.

A creatinofosfoquinase (CPK) pode estar elevada nas distrofias crônicas e na miocardite aguda. Os títulos para doença de Chagas, toxoplasmose, antiestreptolisina e virais podem apoiar um diagnóstico de miocardite.

A cintilografia com tálio não tem se mostrado útil no diagnóstico de CMPD, mas a cintilografia com gálio vem sendo usada para pesquisar inflamação miocárdica.

TRATAMENTO

O tratamento global da cardiomiopatia consiste em adotar medidas farmacológicas, com o objetivo de bloquear a ativação dos sistemas neuro-hormonais, retardar a dilatação ventricular e amenizar os sintomas. As medidas comportamentais também podem ser úteis para diminuir o número de hospitalizações e prolongar a vida, visto que os pacientes com CMPD, no início da doença, têm aproximadamente 50% de probabilidade de recuperação.

São prescritos inibidores da enzima de conversão da angiotensina (IECA) para quase todos os pacientes, diuréticos, vasodilatadores, glicosídeos digitálicos e betabloqueadores para melhorar a função ventricular. E em casos mais graves o tratamento resume-se ao transplante cardíaco.

REFERÊNCIAS

HARE, Joshua M. Cardiomiopatias dilatada, restritiva e infiltrativa. In: LIBBY, P. *et al. Braunwald: tratado de doenças cardiovasculares.* 8ª ed. Rio de Janeiro: Elsevier, 2010. p. 1739-1762.

HARRISON, Tinsley R.; FAUCI, Anthony S. *Harrison medicina interna.* 16ª ed. Rio de Janeiro: McGraw-Hill, 2006.

MCKENNA, William. Doenças do miocárdio e do endocárdio. In GOLDMAN, Lee; AUSIELLO, Dennis (editores). *Cecil: medicina interna.* 23ª ed. Rio de Janeiro: Elsevier, 2009. v. 1. p. 442-460.

CAPÍTULO 2

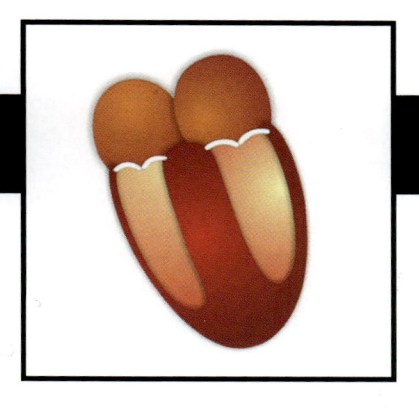

HIPERTROFIA SEPTAL ASSIMÉTRICA
EDUARDO MAFFINI DA ROSA
EDNA DE FREITAS LOPES
DANIEL ONGARATTO BARAZZETTI
MARIANA MENEGOTTO

A hipertrofia segmentar desproporcionada frequentemente ocorre no septo interventricular, gerando uma obstrução dinâmica à saída de sangue para a aorta durante a sístole. Associadamente ocorre insuficiência mitral, devido ao deslocamento da valva secundária, gerada pela aceleração do fluxo sanguíneo na via de saída do ventrículo e tração das cordoalhas. O aumento da massa ventricular é acompanhado de aumento da rigidez ventricular e disfunção diastólica.

HIPERTROFIA SEPTAL ASSIMÉTRICA

Eduardo Maffini da Rosa
Edna de Freitas Lopes
Daniel Ongaratto Barazzetti
Mariana Menegotto

DEFINIÇÃO E EPIDEMIOLOGIA

A miocardiopatia hipertrófica (MH) é uma doença miocárdica primária, ou seja, não decorrente de outros processos patológicos, caracterizada pela presença de hipertrofia ventricular, acometendo com maior prevalência o ventrículo esquerdo (VE). A MH é encontrada na proporção estimada de 1 para cada 500 indivíduos e é classificada segundo sua distribuição anatômica nos tipos septal, médio-ventricular, apical, lateral e concêntrico. Do ponto de vista hemodinâmico, as MHs são divididas em obstrutivas (septal assimétrica e médio-ventricular) e não-obstrutivas (septal assimétrica concêntrica, apical, lateral e/ou látero-posterior).

Desse modo, a hipertrofia septal assimétrica (HSA) é uma das formas de miocardiopatia hipertrófica que se caracteriza por um maior e desproporcional espessamento do septo interventricular do que da parede livre do VE. Esta anomalia pode ter caráter hereditário ou ser idiopática. A transmissão genética ocorre por herança autossômica dominante, na qual podem ocorrer múltiplas mutações, porém, as mais características são as mutações no cromossoma 14, nos genes de cadeia pesada da betamiosina cardíaca.

A HSA é a miocardiopatia hipertrófica mais frequente, sendo que Wigle e cols. (1962) encontraram em seu estudo uma incidência de 90% e Albanesi F (1997) 88,1%. Sendo assim, a incidência entre os diversos tipos de MH varia conforme a população analisada, porém apresenta distribuição similar, predominando a forma septal.

QUADRO CLÍNICO

As miocardiopatias hipertróficas possuem uma ampla variedade de sintomas devido ao pleomorfismo da doença. Sendo assim, a evolução clínica é extremamente variável, podendo ser completamente assintomática, apresentar sintomas discretos ou ainda, causar morte súbita – principalmente em crianças e jovens ou em adultos jovens atletas de competições.

Quando a HSA é sintomática, destacam-se como sintomas principais:

• Dispneia;
• Síncope;
• Angina pectoris;
• Fadiga;
• Palpitações.

Destes sintomas característicos, ressalta-se a dispneia, que está presente em 75 a 90% dos casos e ocorre devido à disfunção ventricular diastólica que dificulta o enchimento ventricular e provoca o aumento da pressão diastólica do VE, bem como das pressões do átrio esquerdo e capilares pulmonares.

Ao exame físico, há a presença de *ictus cordis* palpável, B4 audível e, em alguns casos, presença de sopro sistólico mais bem auscultado na borda esternal inferior esquerda.

DIAGNÓSTICO

ELETROCARDIOGRAMA

Em torno de 75 a 95% dos pacientes há presença de hipertrofia ventricular esquerda e nos pacientes com hipertrofia septal é comum a presença de ondas Q profundas e amplas em parede anterolateral e inferior, podendo simular um infarto agudo do miocárdio.

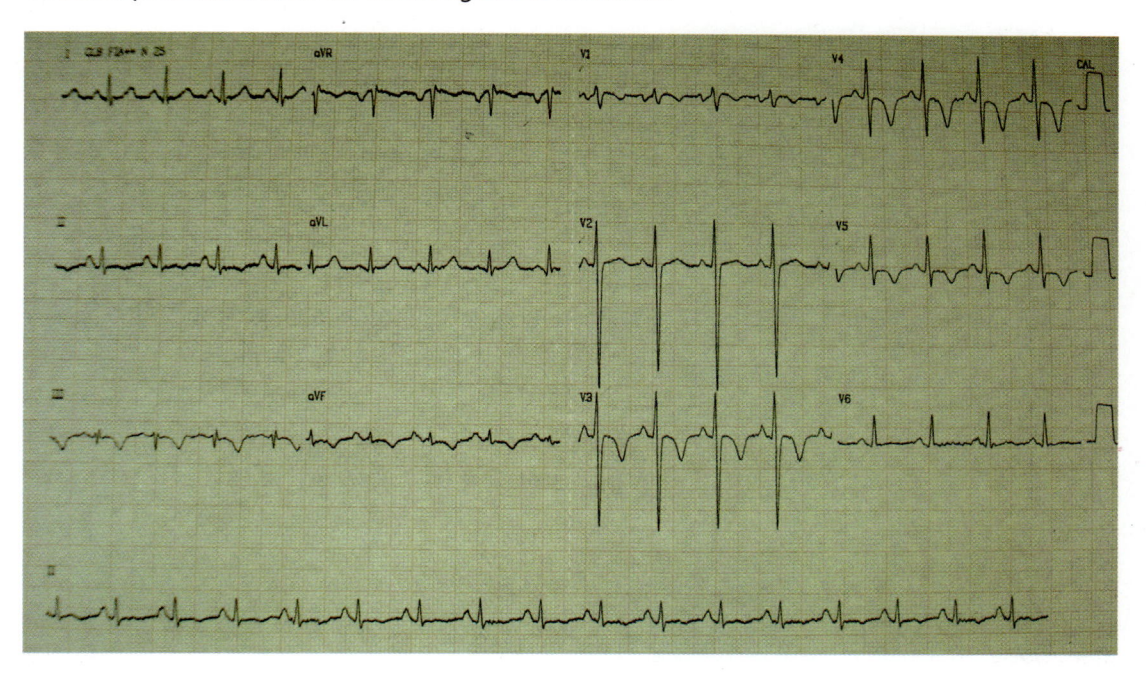

LAUDO

Ritmo sinusal, FC 100 bpm, aumento do átrio esquerdo, inversão de onda T inferior e septal, desvio do eixo do complexo QRS precordial para a direita.

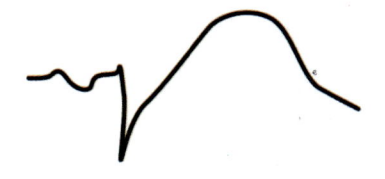

DESCRIÇÃO

O aumento da massa septal acarreta uma maior voltagem, em nível septal, representada pelo aumento em amplitude da onda R. Da mesma forma, há ocorrência de isquemia subendocárdica, que se apresenta como inversão da onda T local.

RADIOGRAFIA DE TÓRAX

Pode ser normal ou apresentar um aumento discreto ou moderado da silhueta cardíaca.

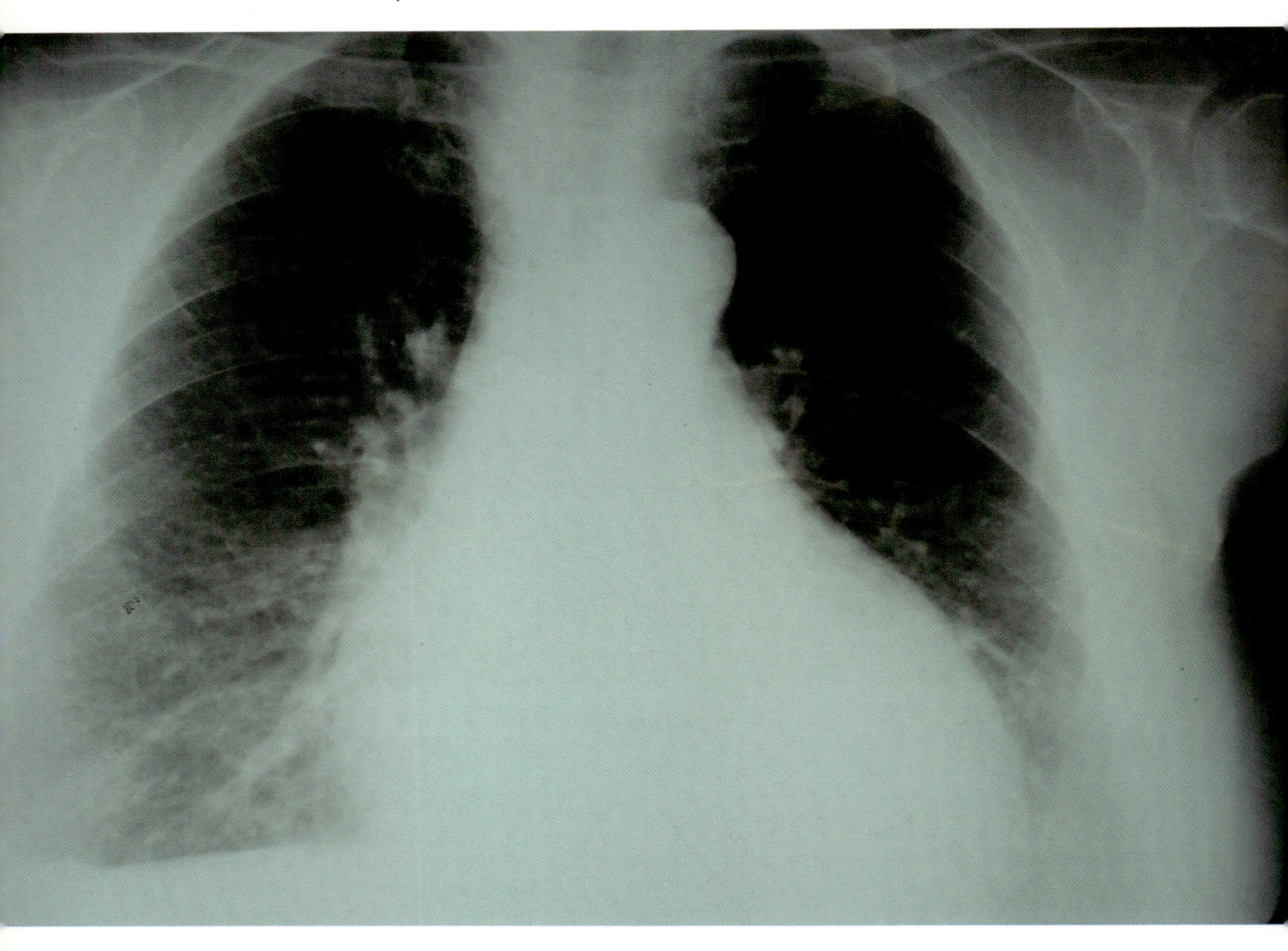

LAUDO

Aumento da área cardíaca às custas do ventrículo esquerdo. Sinais de congestão pulmonar.

ECOCARDIOGRAFIA

Estabelece o diagnóstico. Como a HSA caracteriza-se por ter um predomínio da hipertrofia na área septal, o septo interventricular (SIV) poderá ter espessura ≥ 15 mm (normal ≤ 10 – 11mm) e a relação septo/parede posterior do VE >1,3. O septo pode apresentar aparência de "vidro fosco". Em pacientes com gradiente de pressão é comum encontrar movimento anterior sistólico da valva mitral, frequentemente acompanhado de regurgitação mitral.

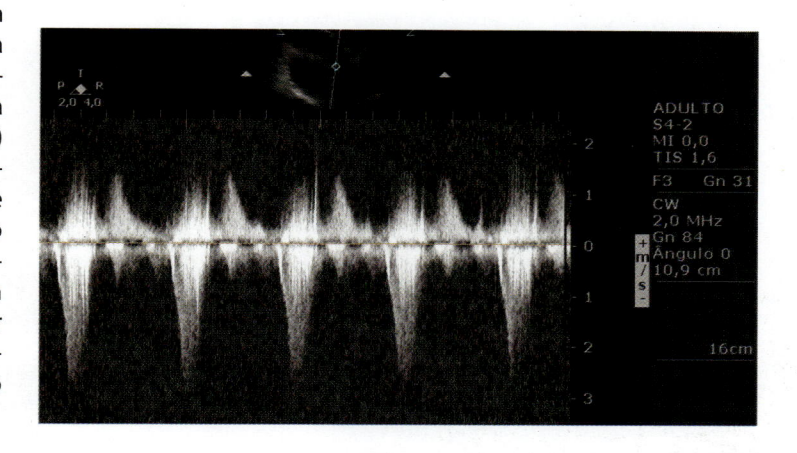

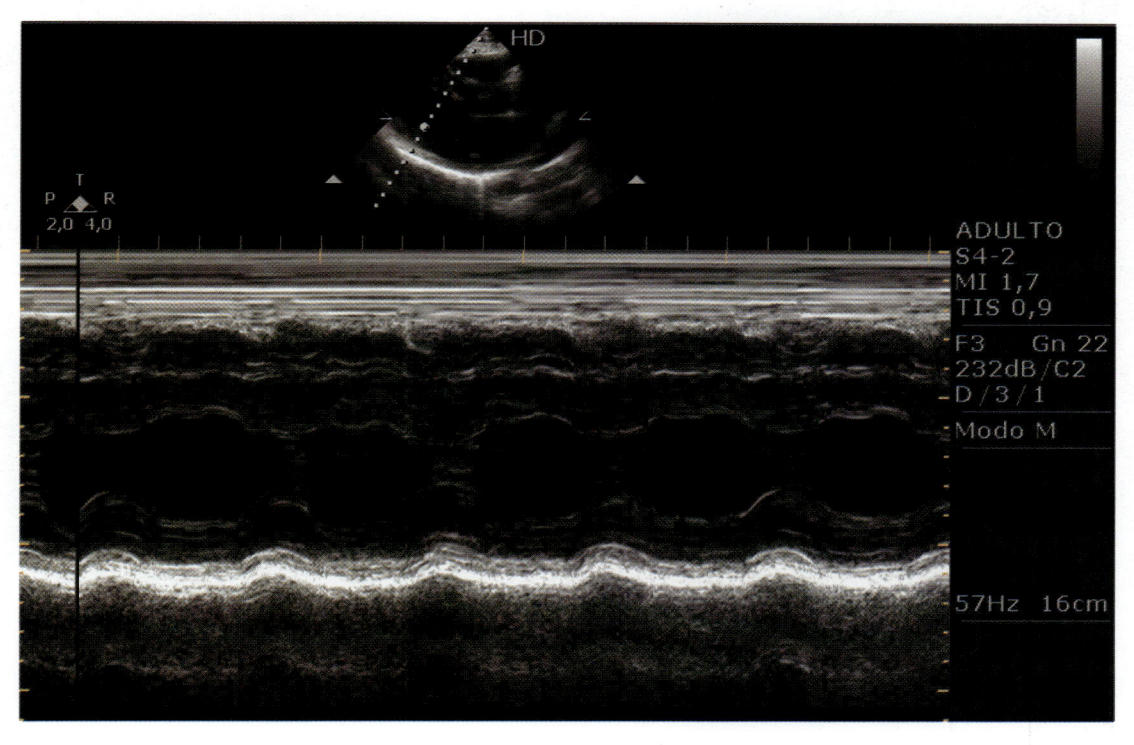

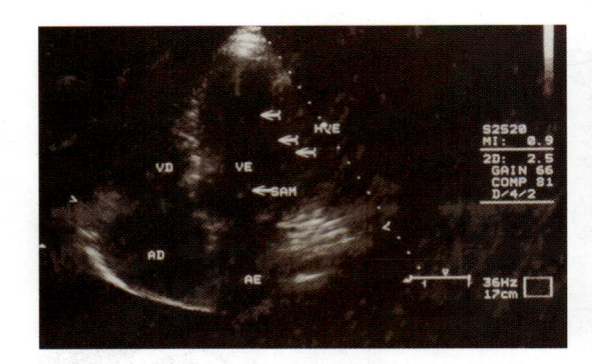
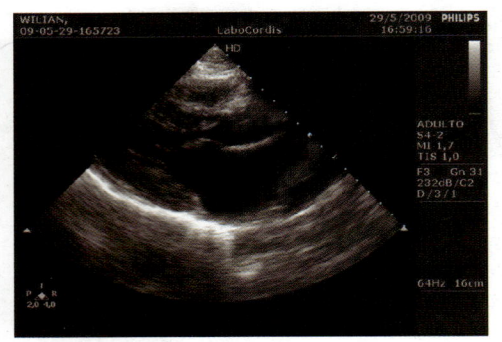

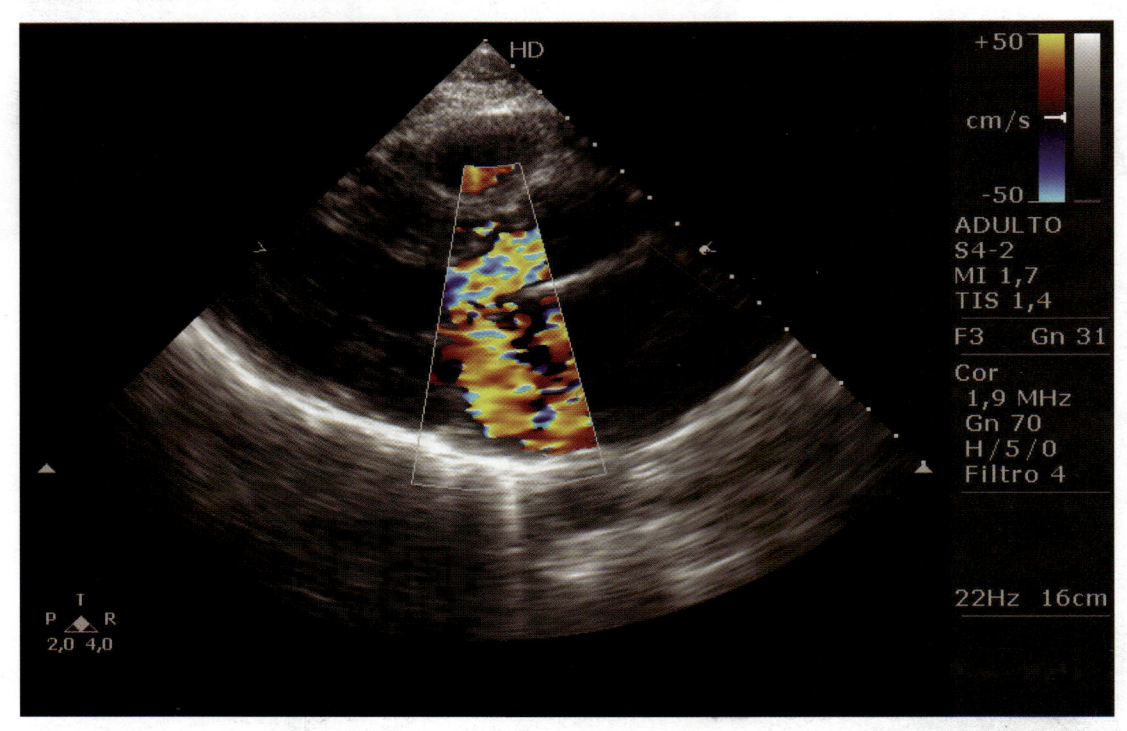

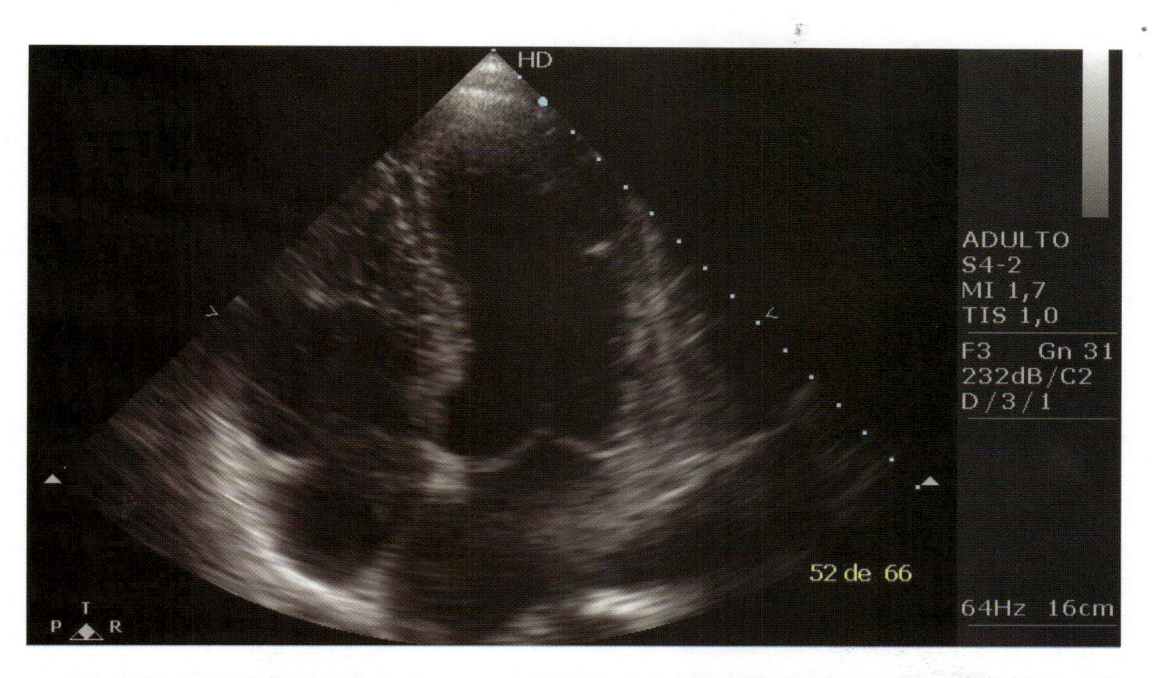

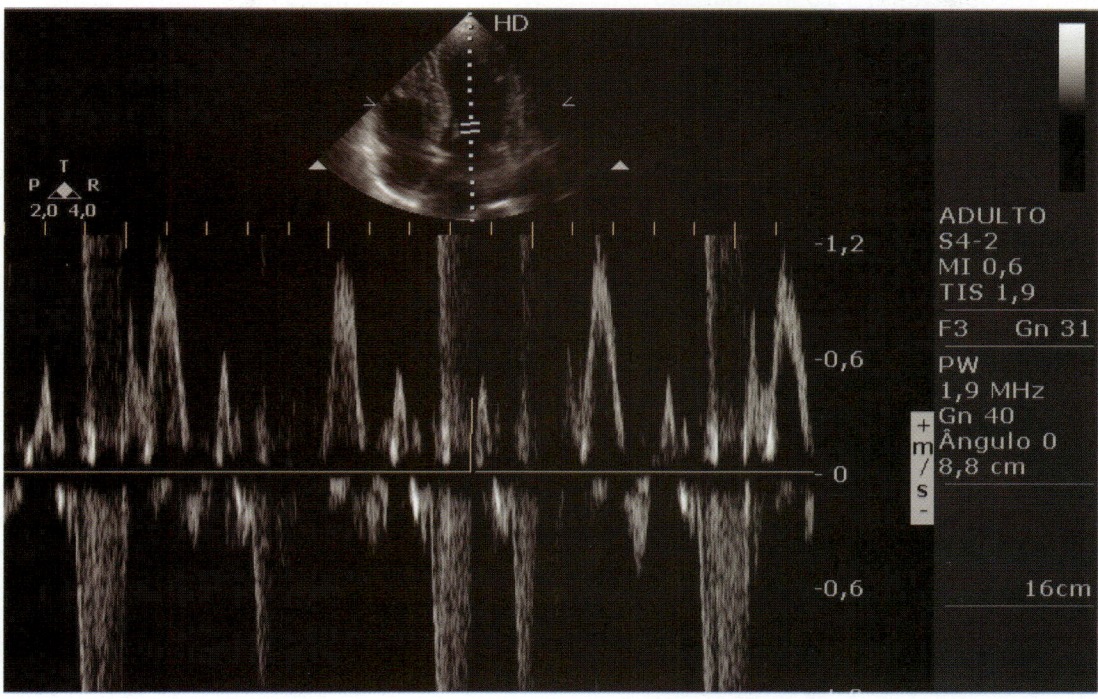

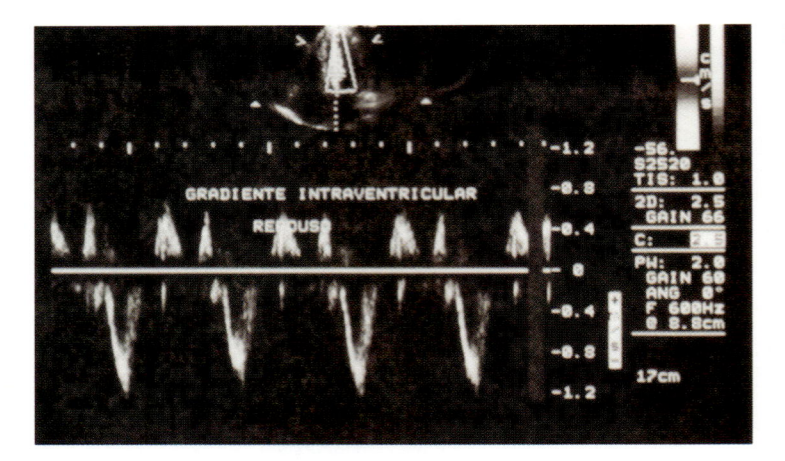

LAUDO

Hipertrofia septal assimétrica obstrutiva. Disfunção diastólica do tipo pseudonormal. Insuficiência mitral moderada.

DESCRIÇÃO

A hipertrofia septal é, inicialmente, observada na visão paraesternal de três câmaras e depois medida no modo M, apresentando septo aumentado 1,5 vez, ou mais, que a parede posterior. Observando a dinâmica da valva mitral, observa-se o deslocamento anormal das cordoalhas em direção ao septo, gerando um pertuito pelo qual regurgita o sangue para o átrio. A disfunção diastólica do tipo pseudonormal é observada no Doppler pulsado junto à valva mitral, mostrando uma reversão da aparência normal do enchimento, porém, como os tempos de enchimento se apresentam anormais, ela recebe a designação de pseudonormal.

CATETERISMO CARDÍACO

Pode ocorrer elevação da pressão diastólica do VE.

TRATAMENTO

Para os pacientes assintomáticos sugere-se estratificação do risco para morte súbita a fim de evitá-la. Para os assintomáticos com taquicardia ventricular intermitente, a amiodarona reduz o risco de morte súbita. Além disso, é recomendado evitar atividade física competitiva. O uso de desfibrilador implantável deve ser avaliado.

Para os pacientes sintomáticos recomenda-se o uso de drogas, como os betabloqueadores e os bloqueadores dos canais de cálcio (BCC), que melhoram a dispneia aos esforços e a angina. Dos BCC, o verapamil pode oferecer efeitos benéficos adicionais já que melhora o enchimento diastólico do VE. Além disso, a disopiramida (antiarrítmico classe IA) pode ser útil por apresentar ação inotrópica negativa.

Quando a terapia medicamentosa não reduz a sintomatologia e a capacidade funcional continua defeituosa, pode-se propor a utilização de outros métodos não-farmacológicos, como a implantação de marca-passo e a miotomia-miomectomia do septo interventricular.

REFERÊNCIAS

ALBANESI Fº, F. M. *et al*. Cardiomiopatia hipertrófica apical acometendo o ventrículo direito. *Arq. Bras. Cardiol.*, v. 68, 1997. p. 119-124.

ALBANESI Fº, Francisco Manes. Cardiomiopatia hipertrófica. Conceito e classificação. *Arq. Bras. Cardiol.*, São Paulo, v. 66, nº 2, 1996.

ALBANESI Fº, Francisco Manes. Cardiomiopatias. *Arq. Bras. Cardiol.*, São Paulo, v. 71, nº 2, ago. 1998.

CASELLI, S. *et al*. Differentiation of hypertrophic cardiomyopathy from other forms of left ventricular hypertrophy by means of three-dimensional echocardiography. *Am. J. Cardiol.*, v. 102, 2008. p. 616-620.

FAUCI, A. S. *et al*. *Harrison medicina interna*. 17ª ed. Rio de Janeiro: McGraw-Hill, v. 2, 2008.

FERRI, Fred F. *Practical guide to the care of the medical patient*, 7ª ed. Rio de Janeiro: Mosby-Elsevier, 2006.

GOLDMAN, L. & AUSIELLO, D. *Cecil: tratado de medicina interna*. 22ª ed. Rio de Janeiro: Guanabara Koogan, 2005.

HOSS, Airton José *et al*. Miocardiopatia hipertrófica. Papel da ecocardiografia doppler no diagnóstico e na orientação terapêutica. *Arq. Bras. Cardiol.*, São Paulo, v. 70, nº 4, abr. 1998.

KELLY, Brian S. *et al*. Hypertrophic cardiomyopathy: electrocardiographic manifestations and other important considerations for the emergency physician. *American Journal of Emergency Medicine*, v. 25, Issue 1, jan. 2007.

KLIEGMAN, Robert M. *et al*. *Nelson:* tratado de pediatria. 18ª ed. Rio de Janeiro: Elsevier, 2009.

TOPOL, Eric J. *et al*. *Textbook of cardiovascular medicine*. Philadelphia: Lippincott, 1997.

WIGLE, E. D.; HEIMBECKER, R. O.; GUNTON, R. W. Idiopathic ventricular septal hypertrophy causing muscular subaortic stenosis. *Circulation*, v. 26, 1962. p. 325-340.

CAPÍTULO 3

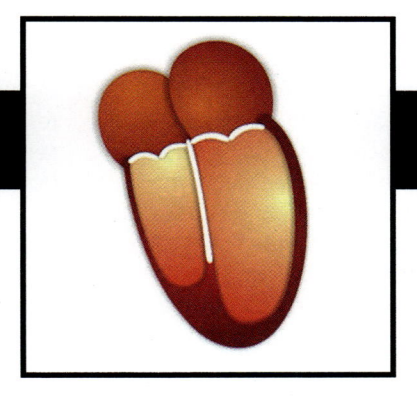

INSUFICIÊNCIA CARDÍACA PÓS-INFARTO AGUDO DO MIOCÁRDIO

EDUARDO MAFFINI DA ROSA
MARCIO FERNANDO SPAGNÓL
GUILHERME RASIA BOSI
LUIZA ROSSI

A região infartada apresenta-se, inicialmente, como uma área sem capacidade de espessamento sistólico, mas com a espessura preservada. Com o evoluir do processo de resolução, o tecido necrótico dá espaço à fibrose, que é formada por um tecido mais rígido e acinético.

INSUFICIÊNCIA CARDÍACA PÓS-INFARTO AGUDO DO MIOCÁRDIO

Eduardo Maffini da Rosa
Marcio Fernando Spagnól
Guilherme Rasia Bosi
Luiza Rossi

EPIDEMIOLOGIA

Tanto a incidência como a prevalência de insuficiência cardíaca (IC) vem crescendo. Esses números são influenciados tanto pelo aumento da prevalência de doenças como diabetes, obesidade e hipertensão, como pela maior sobrevida dos pacientes cardiopatas isquêmicos. A incidência anual é de 1 – 30/1.000 pacientes. Entretanto, há estudos mostrando que a ocorrência de IC pós-infarto agudo do miocárdio entre 1979 e 1994 declinou 28%. A doença arterial coronariana (DAC) é a principal causa de disfunção do ventrículo esquerdo (VE).

DEFINIÇÃO E MECANISMOS FISIOLÓGICOS

Poucos mecanismos de origem cardíaca originam a IC, sendo um deles o infarto agudo do miocárdio (IAM), o qual está intimamente relacionado à mortalidade, visto que o prognóstico de um paciente portador de disfunção do VE após evento coronário isquêmico é mais reservado. A IC é uma desordem progressiva, iniciada após um evento-chave, no caso o IAM, que lesa a parede muscular resultando em perda progressiva da função do coração (relaxamento e contração). Essas alterações resultam no quadro clínico apresentado pelos pacientes portadores dessa patologia.

QUADRO CLÍNICO

O quadro clínico varia conforme a câmara cardíaca acometida e o percentual de comprometimento da fração de ejeção gerado. Os sinais e sintomas mais frequentes são aqueles relacionados à congestão como: dispneia, tosse, edema periférico, edema agudo de pulmão, aumento de peso e ascite. Além disso, os pacientes podem referir palpitações, distúrbios do sono, pré-síncope e síncope, além de hipotensão. Ao exame físico deve-se aferir a pressão arterial, os pulsos e a frequência cardíaca do paciente. É importante observar as veias jugulares em busca de uma possível distensão, abrindo mão, se necessário, da manobra de Valsalva (pressionar o quadrante superior direito por pelo menos 30 segundos e analisar as veias jugulares no pescoço) para avaliar a presença de refluxo hepatojugular. As auscultas cardíaca e pulmonar, bem como o exame de extremidades e do abdômen, são imprescindíveis.

DIAGNÓSTICO

ELETROCARDIOGRAMA

É uma ferramenta essencial no diagnóstico e acompanhamento da evolução dos pacientes portadores de IC. É importante para avaliar o ritmo cardíaco, identificar e acompanhar o IAM, além de evidenciar hipertrofia do VE.

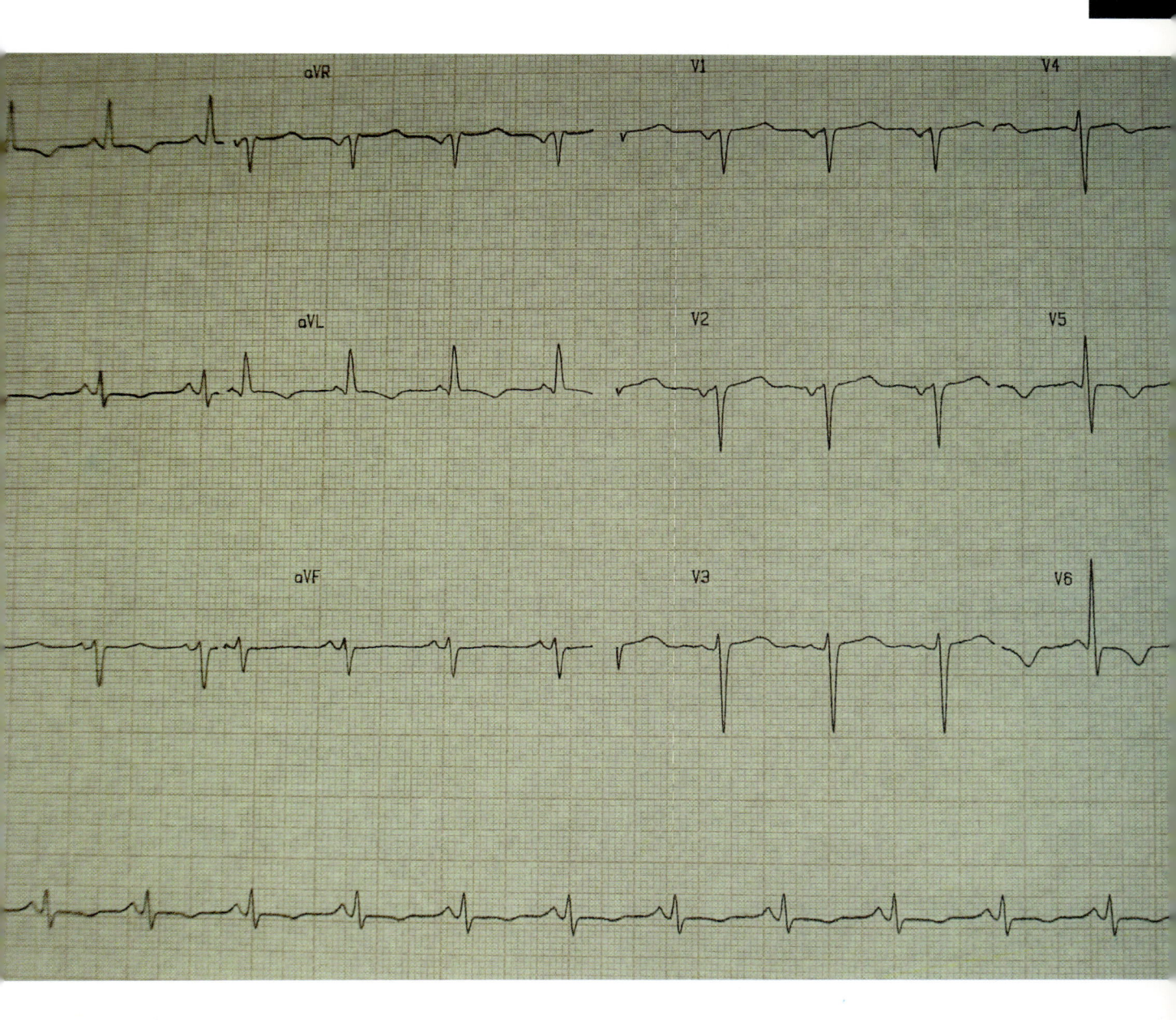

LAUDO

Ritmo sinusal, FC: 100 bpm, Desvio do eixo do QRS para a esquerda, Onda T achatada em D1 e AVL e invertida em V4-6, Ausência de progressão de onda R de V1-5.

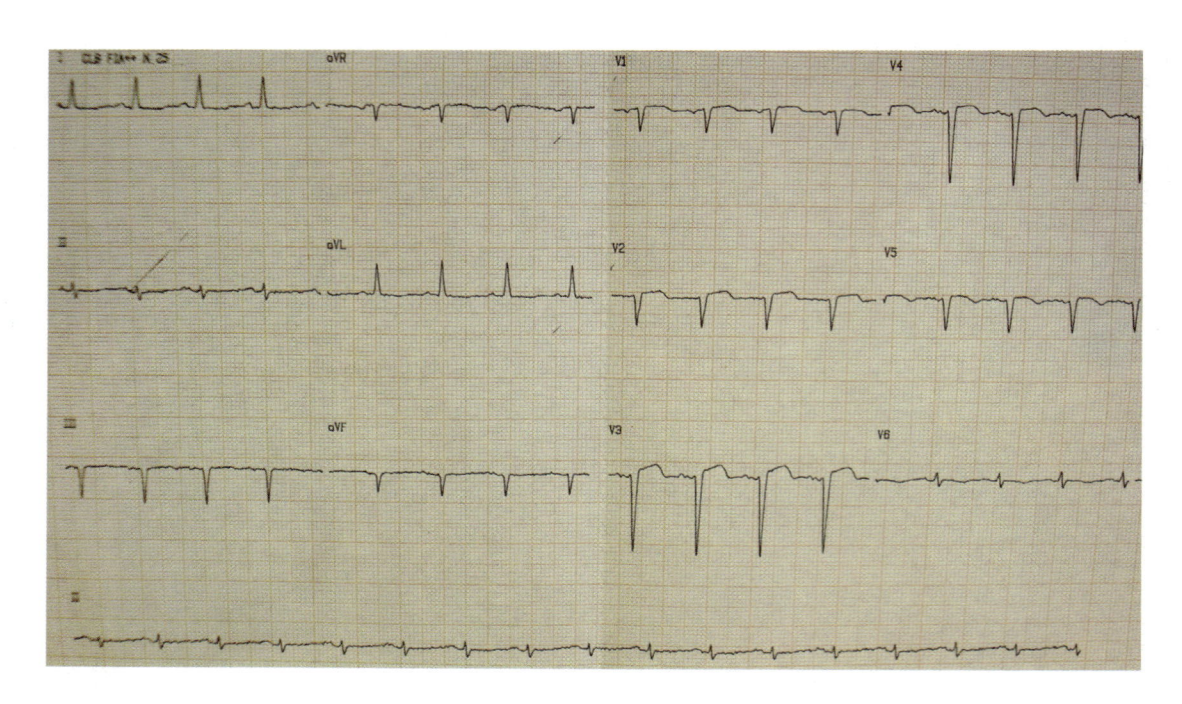

DESCRIÇÃO

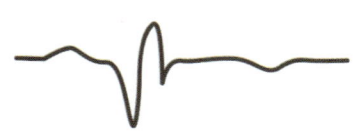

O desvio do eixo do QRS é observado na combinação de complexo de QRS em D1 positivo, com os complexos de QRS em AVF negativo, sugerindo que o eixo cardíaco esteja desviado para o quarto quadrante. A zona inativa pode ser identificada junto ao QRS que não apresenta aumento progressivo da onda R de V1 para V6. A subtração de miócitos, causada pelo infarto, não se apresentou aqui como uma onda Q tradicional, mas como uma redução da onda R.

RADIOGRAFIA DE TÓRAX

Utilizam-se os padrões radiográficos com imagens nas incidências posteroanterior e lateral, o qual apresenta evidências importantes, em relação à presença de congestão, em 80% dos pacientes. Essa se apresenta através de hipertensão pulmonar, percebida à radiografia através da redistribuição no lobo superior e alargamento das veias pulmonares; edema intersticial (borramento da vasculatura central) ou edema pulmonar (infiltrado peri-hilar ou periférico). Mostra também se há ou não cardiomegalia (relação cardiotorácica > 0,5) ou derrame pleural, que mais comumente ocorre no lado direito.

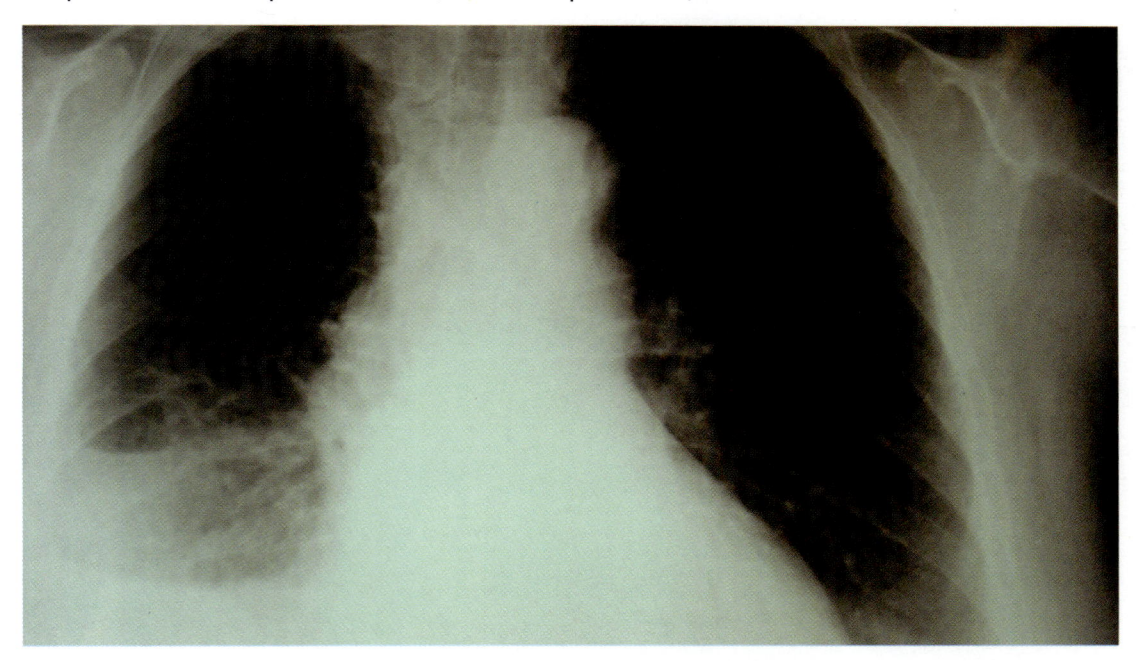

LAUDO

Aumento da área cardíaca, congestão pulmonar e derrame pleural à direita.

DESCRIÇÃO

O aumento do ventrículo esquerdo é observado na borda esquerda inferiormente à silhueta cardíaca esquerda, ela se desloca em direção ao ângulo costofrênico. O derrame pleural é visualizado na mudança de conformação do ângulo costofrênico, ou seja, ele deixa de ter forma angular e aguda para tornar-se côncavo. A congestão pulmonar é evidenciada pela presença de pequenas linhas brancas e finas na periferia inferior dos pulmões. Também pode ser verificada a congestão alveolar quando os brônquios passam a ser visíveis, conhecida como broncograma aéreo.

ECOCARDIOGRAMA

É um dos melhores testes para avaliar a etiologia da IC devido a sua habilidade em avaliar as funções diastólica e sistólica, movimento das paredes cardíacas, funções valvares, hemodinâmica e o pericárdio. O procedimento mais comumente utilizado é o transtorácico. O ecocardiograma contrastado vem sendo recentemente implantado para melhor avaliação de DAC.

CINTILOGRAFIA

Necrose na região inferoposterior do ventrículo esquerdo.

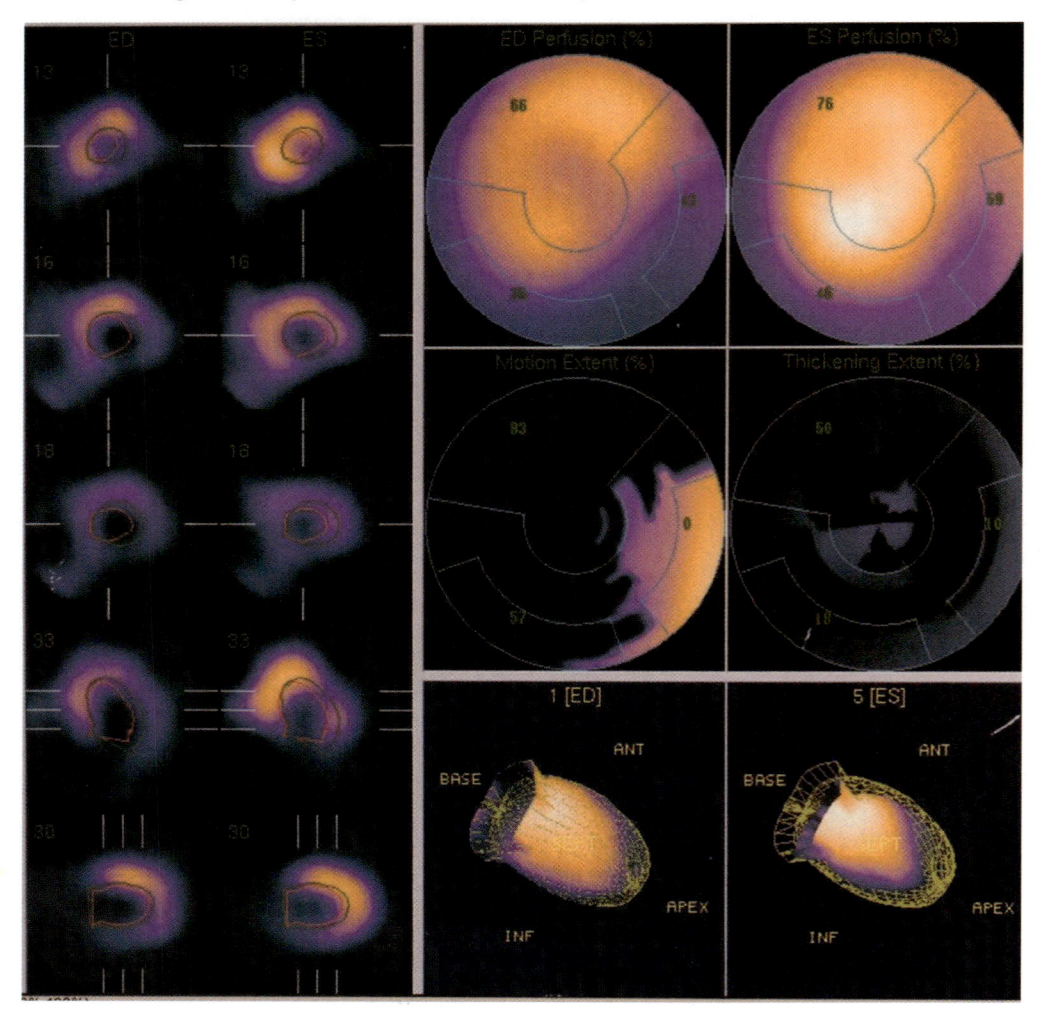

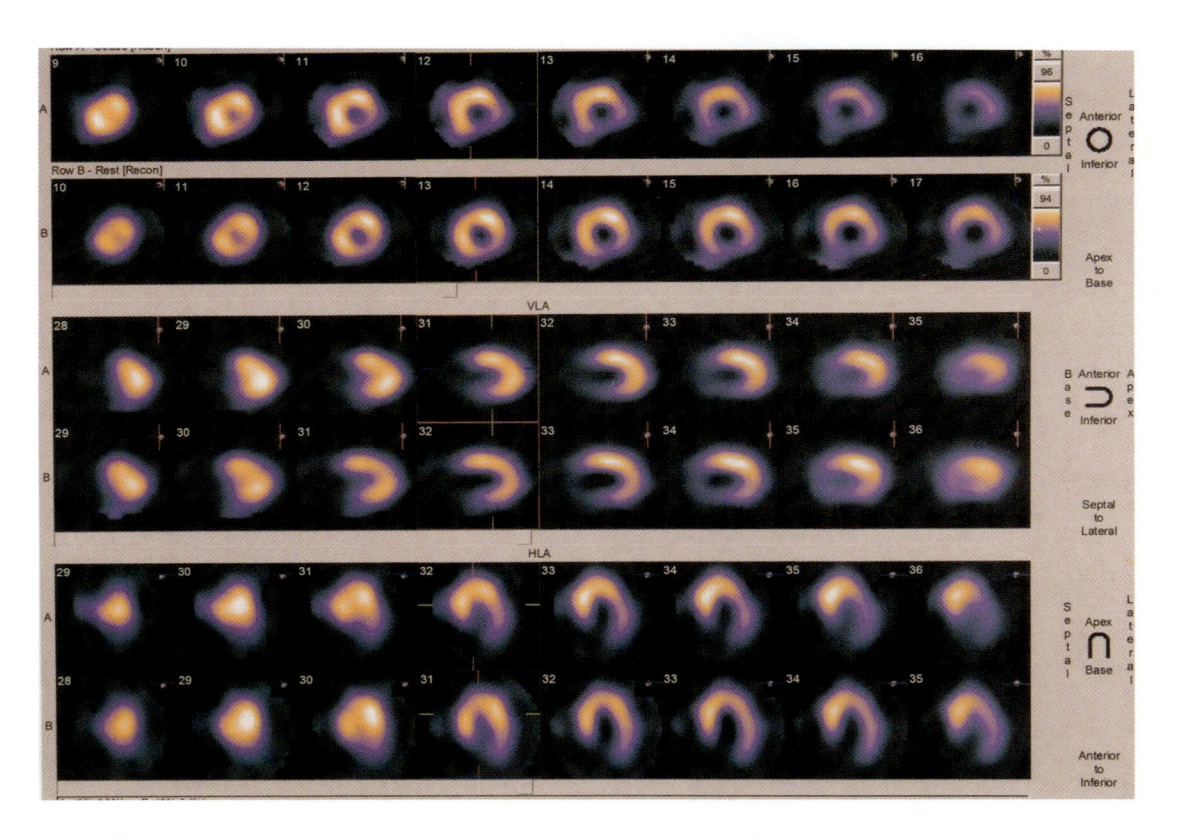

DESCRIÇÃO

Através de reconstrução tridimensional se observa a coluna de contraste que enche o vaso. A apresentação constante e de superfície lisa desta coluna denota ausência de obstrução coronariana.

CATETERIZAÇÃO CORONARIANA

Em pacientes selecionados, a cateterização da artéria pulmonar pode informar o estado hemodinâmico do paciente. É uma ferramenta diagnóstica invasiva, por isso, acarreta riscos ao paciente. Entretanto, há estudos mostrando que não aumenta a mortalidade e nem o tempo de internação hospitalar. Nesse exame pode-se aferir diretamente as pressões venosa central, da artéria pulmonar e dos capilares pulmonares. Além disso, o médico também pode escolher saber a fração de ejeção cardíaca através de técnicas de termodiluição ou consumo de oxigênio.

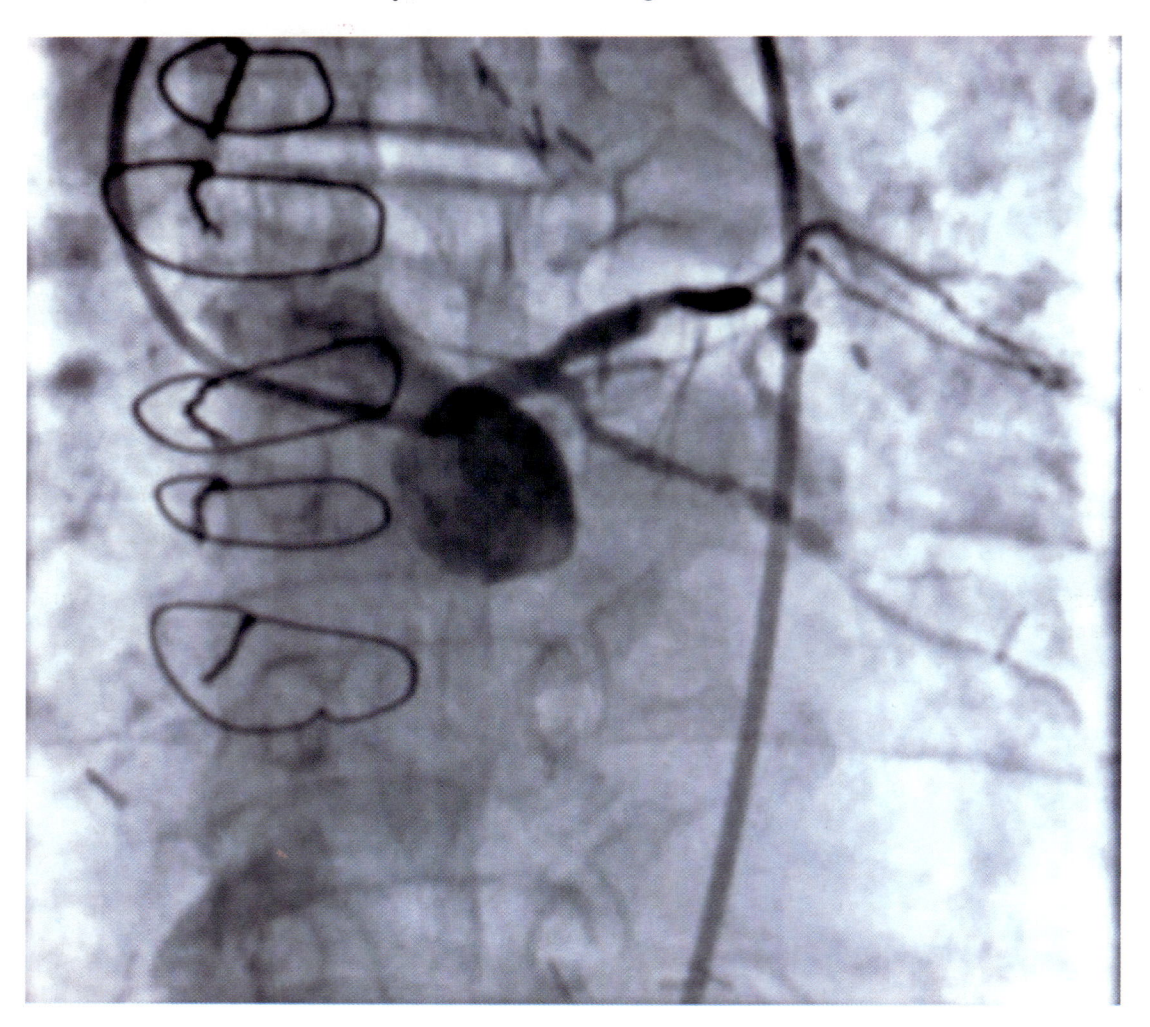

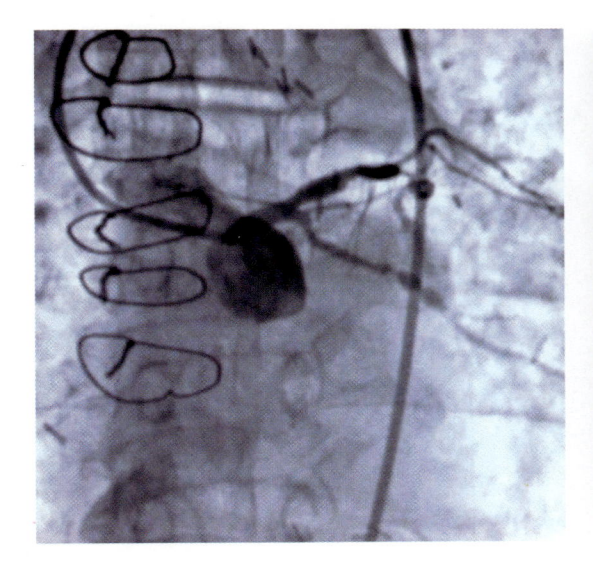 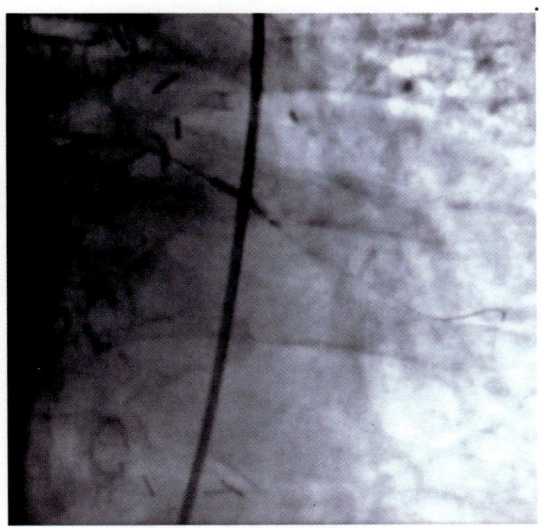

DESCRIÇÃO

A obstrução coronariana é observada como falhas de enchimento da luz do vaso, como se a coluna de contraste ficasse estreitada e com irregularidades.

ANGIOTOMOGRAFIA CORONARIANA

Normal.

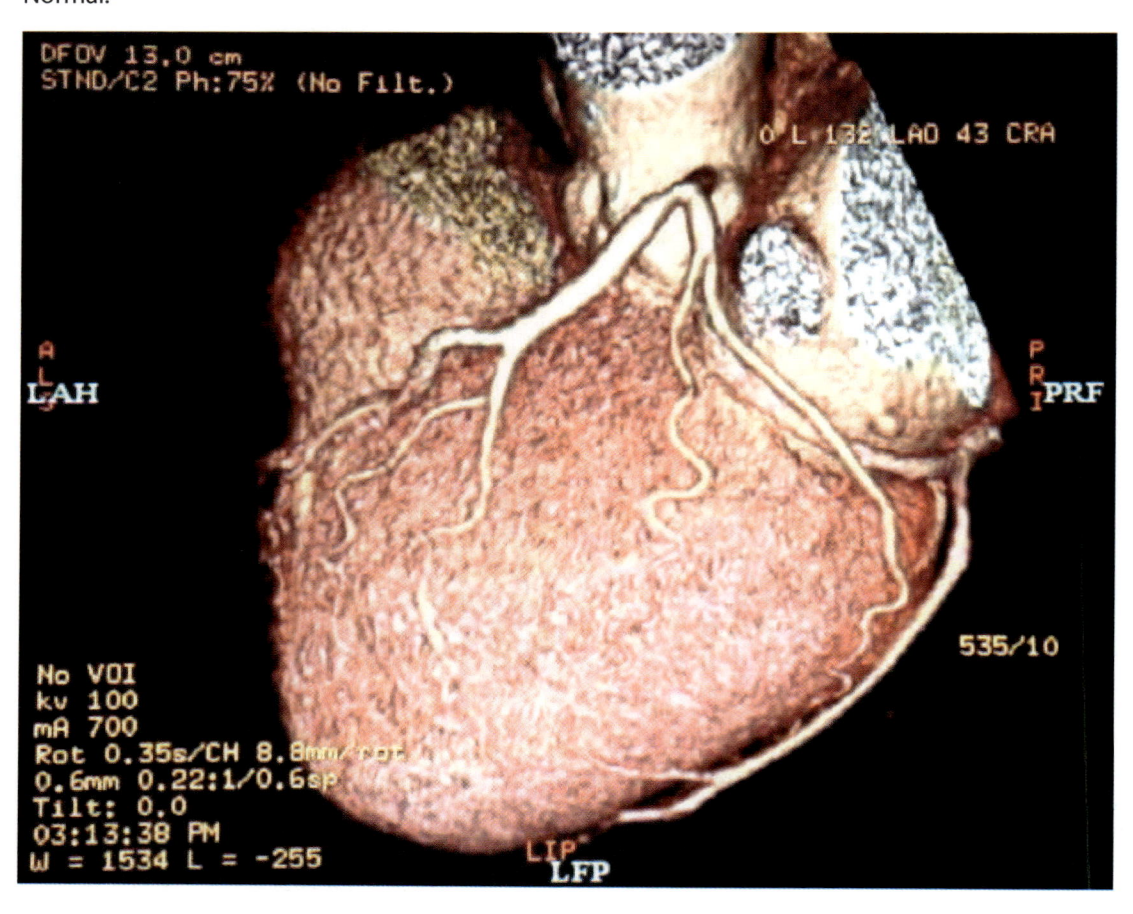

TRATAMENTO

O tratamento básico de qualquer paciente isquêmico inclui: antiagregante plaquetário, estatinas, betabloqueadores e IECA. Além disso, o uso de fármacos bloqueadores dos receptores da aldosterona vem ganhando aceitação, visto que a aldosterona age negativamente no miocárdio do paciente com história prévia de IAM.

Por outro lado, o tratamento de pacientes com IC é dividido em farmacológico e não-farmacológico. Na abordagem farmacológica utiliza-se IECA, bloqueadores do receptor de angiotensina (se houver intolerância aos anteriores), diuréticos (caso haja retenção de líquidos), betabloqueadores e antagonistas da aldosterona.

Esses dois últimos fazem parte do manejo dos pacientes com IC pós IAM. Outros medicamentos que podem ser utilizados são os glicosídeos cardíacos, em pacientes portadores de arritmias ou IC classes III e IV da NYHA. Já o tratamento não--farmacológico consiste na ressincronização do miocárdio ou implante de desfibrilador.

REFERÊNCIAS

DARGIE, H. Heart failure post-myocardial infarction: a review of the issues. *Heart*, 2005.

GOLDMAN, Lee; AUSIELLO, Dennis [E.]. *Cecil: medicina interna.* 23ª ed. Rio de Janeiro: Elsevier, 2009.

HELLERMANN, J. P. *et al.* Incidence of heart failure after myocardial infarction: is it changing over time? *Am. J. Epidemiol*, 2003; 157: 1101-07.

LIBBY, P. *et al. Braunwald: tratado de medicina cardiovascular.* 8ª ed. Rio de Janeiro: Elsevier, 2010.

CAPÍTULO 4

ANEURISMA DE VENTRÍCULO ESQUERDO

EDUARDO MAFFINI DA ROSA
EDNA DE FREITAS LOPES
ANA CLÁUDIA GRACIOLLI TOMAZI
MARINA GUERRA
MARCIO FERNANDO SPAGNÓL
WILLIAN CENCI TORMEN

O coração que apresenta um aneurisma de origem isquêmica após um infarto agudo do miocardio frequentemente apresenta as quatro cavidades de tamanho normal, porém uma região do ventrículo esquerdo com a espessura da parede reduzida e com movimentação contrária à movimentação das outras paredes, ou seja, durante a sístole, enquanto as demais paredes se aproximam do interior da cavidade, a região aneurismática se distende, com movimentação se afastando do interior da cavidade, formando provisoriamente uma boceladura.

ANEURISMA DE VENTRÍCULO ESQUERDO

Eduardo Maffini da Rosa
Edna de Freitas Lopes
Ana Cláudia Graciolli Tomazi
Marina Guerra
Marcio Fernando Spagnól
Willian Cenci Tormen

EPIDEMIOLOGIA

O aneurisma ventricular ocorre quatro vezes mais no ápice e na parede anterior do que na parede inferior. O tamanho de um aneurisma varia de 1 a 8 cm e usualmente envolve o VE.

A frequência de ocorrência de aneurismas verdadeiros e falsos, depois do IAM, depende da incidência de infarto transmural e da insuficiência cardíaca congestiva (ICC) resultante. Outras causas como tuberculose, sarcoidose e principalmente doença de Chagas podem causar aneurisma ventricular esquerdo. O aneurisma ventricular esquerdo, na ausência de DAC, mas com infarto prévio, é de ocorrência rara. Um aneurisma ventricular que seja circunscrito, não-contrátil e incapaz de expulsar sangue do VE aparece em 12 a 15% dos pacientes que sobrevivem a um IAM.

Trombose mural é encontrada em necropsias ou cirurgia em 15 a 77% dos aneurismas ventriculares esquerdos. Aproximadamente a metade dos pacientes com trombo mural, na necropsia, também mostram evidência de embolia sistêmica.

DEFINIÇÃO

É uma expansão sistólica paradoxal (discinética) de uma porção da parede ventricular. O aneurisma ocorre quando a tensão intraventricular distende a área de músculo infartada não-contrátil, pois a relativa fraqueza da fina camada de músculo necrótico e fibroso gera distensão a cada sístole. Com o passar do tempo a parede do aneurisma torna-se mais densamente fibrótica, mas ainda continua a se dilatar a cada sístole, assim "este roubo" de uma parte do volume de trabalho do VE (volume sistólico) ocorre a cada sístole. Os aneurismas podem ser subdivididos em anatômicos, funcionais e pseudoaneurismas.

ANEURISMA ANATÔMICO

O *aneurisma anatômico verdadeiro* do VE apresenta protrusão durante a sístole e a diástole, tem uma boca que é tão larga ou mais larga do que o seu diâmetro máximo e apresenta uma parede que foi previamente a parede do VE, sendo composta por tecido fibroso, com ou sem fibras miocárdicas residuais. Um verdadeiro aneurisma pode ou não conter trombos e quase nunca se rompe, uma vez que a parede esteja cicatrizada.

O *aneurisma anatômico falso* tem protrusão durante a sístole e a diástole, tem uma boca que é consideravelmente menor do que o seu diâmetro máximo e representa um local de ruptura miocárdica, tem uma parede feita de pericárdio parietal, virtualmente sempre contém trombos e frequentemente se rompe. A porção do pericárdio que cobre o aneurisma está densamente aderido à parede do aneurisma, que pode vir a se calcificar após alguns anos.

ANEURISMA FUNCIONAL

O aneurisma ventricular esquerdo funcional tem protrusão durante a sístole ventricular, mas não durante a diástole, é formado por tecido fibroso, com ou sem fibras miocárdicas.

Os aneurismas constituídos principalmente por uma mistura de tecido cicatricial e miocárdio viável, ou por um fino tecido cicatricial, produzem uma desvantagem mecânica, pela combinação de expansão paradoxal e perda da contração efetiva. Estes também poderiam ser considerados aneurismas funcionais.

PSEUDOANEURISMA

Os pseudoaneurismas, ou aneurismas falsos, representam ruptura miocárdica localizada, na qual a hemorragia é limitada por adesões pericárdicas, tem uma comunicação que é consideravelmente menor do que o diâmetro máximo.

QUADRO CLÍNICO

A manifestação clínica mais comum dos grandes aneurismas é a ICC, por aumento do miocárdio móvel e perda de trabalho, apesar de muitos pacientes com grandes aneurismas não manifestarem IC. Outros podem ter angina ou embolização sistêmica de trombos detectáveis à angiografia, à ecocardiografia bidimensional ou à exploração com plaquetas autólogas marcadas com índio-111, com ou sem ICC.

Além disso, pacientes com aneurismas ventriculares têm alta incidência de arritmias.

DIAGNÓSTICO

As suspeitas diagnósticas de pacientes com aneurisma apresentam elevação persistente do segmento ST no eletrocardiograma (ECG) e um contorno característico da silhueta cardíaca do VE à radiografia do tórax. Mas a sensibilidade desses exames é limitada. O segmento ST elevado se vê junto com IAM generalizado durante dias e é resolvido geralmente dentro de semanas. A persistência desse segmento elevado por semanas é mais sugestiva de um aneurisma ventricular, porém sua ausência não exclui o diagnóstico de aneurisma.

Além disso, enquanto a fonocardiografia, a apexocardiografia e a ecocardiografia modo M mostram apenas anormalidades inespecíficas, não podendo confirmar o diagnóstico, a ventriculografia radioisotópica e a ecocardiografia bidimensional podem demonstrar aneurismas com relativa fidedignidade. A angiografia ventricular esquerda é o método mais preciso para delinear um aneurisma desse sítio.

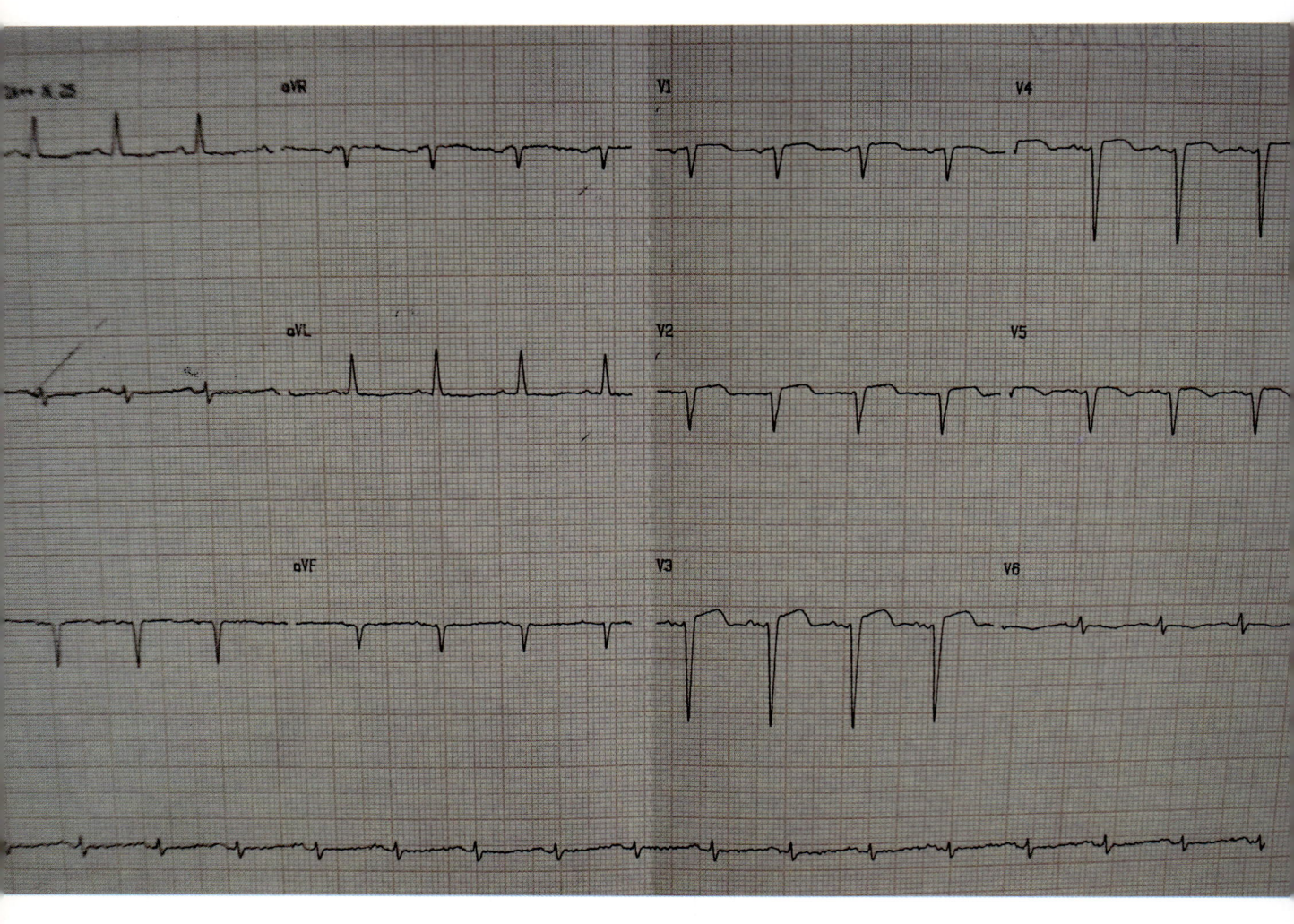

LAUDO

Ritmo sinusal taquicárdico, FC 110 bpm, zona inativa anterior, desvio do eixo do QRS para a esquerda, supradesnivelamento do seguimento ST anterior.

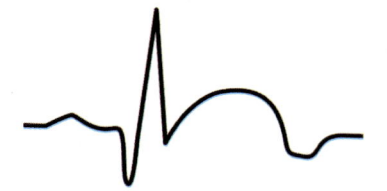

DESCRIÇÃO

Suspeita-se de aneurisma ventricular quando há a persistência do supradesnivelamento do seguimento ST vários dias após um infarto agudo do miocárdio.

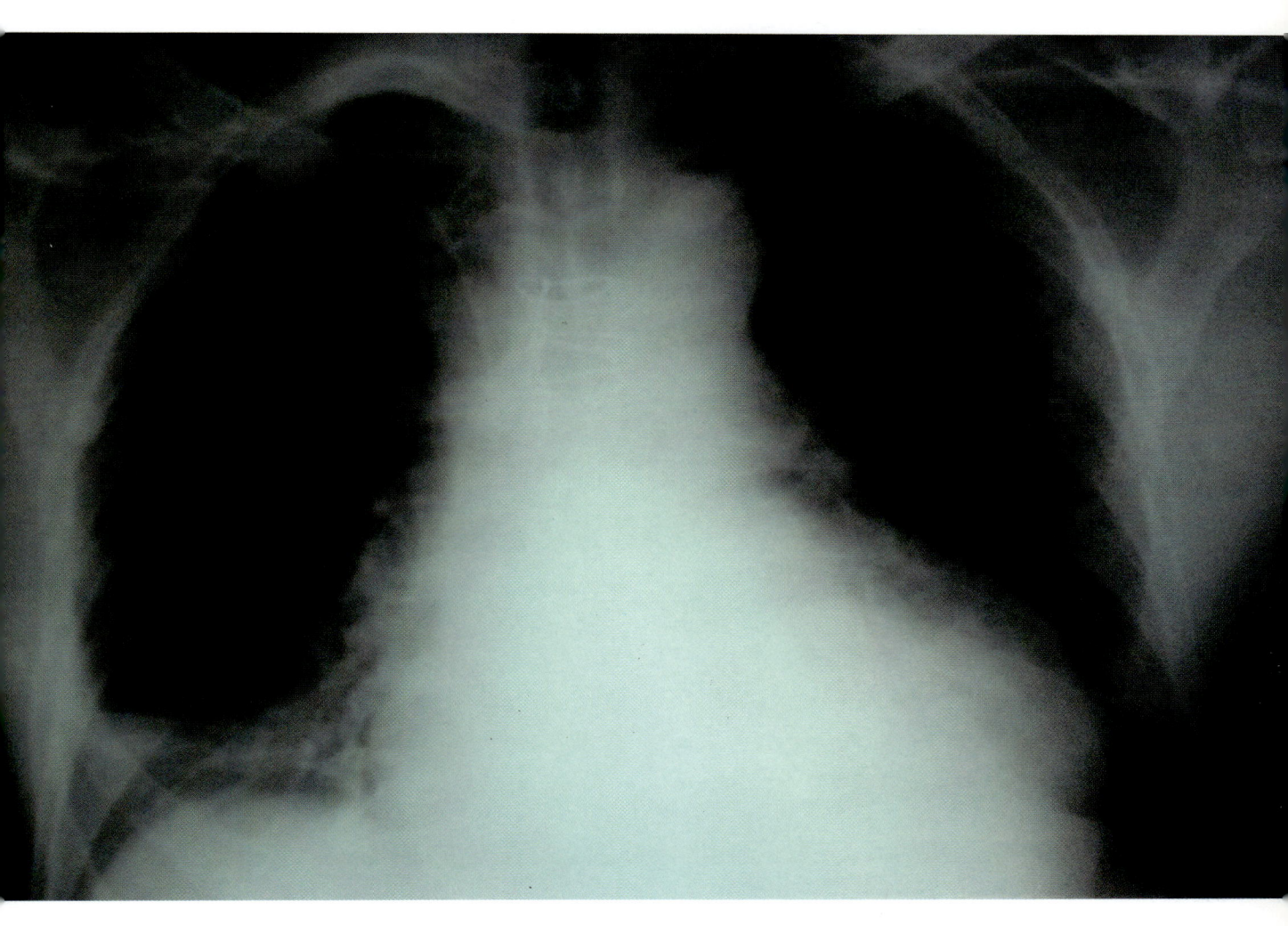

LAUDO

Aumento ventricular esquerdo.

DESCRIÇÃO

O aneurisma apresenta-se como um crescimento ventricular esquerdo, ou seja, a sombra da área cardíaca esquerda desloca-se mais para a esquerda.

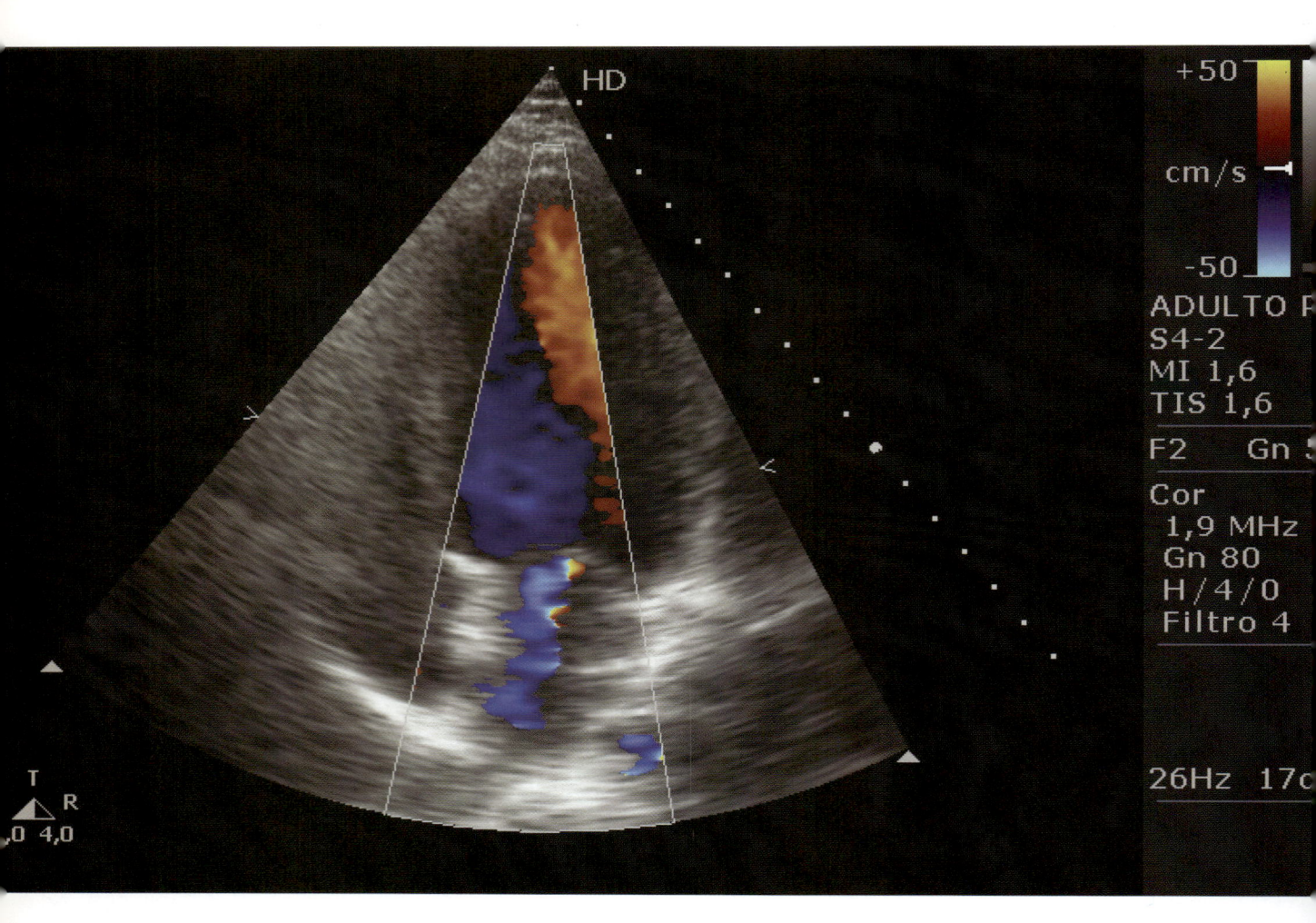

LAUDO

Aumento ventricular esquerdo. Disfunção contrátil moderada do ventrículo esquerdo. Disfunção diastólica tipo relaxamento alterado. Insuficiência mitral leve. Aneurisma em ápice cardíaco.

DESCRIÇÃO

A presença do aneurisma ventricular é observada quando há uma área da parede livre ou septo abaulada e com redução de espessura. Durante a sístole ventricular, esta área tem um movimento paradoxal, ou seja, em vez de se tornar espessa e se deslocar em direção ao centro da cavidade ventricular, o seguimento aneurismático se desloca em direção contrária e com estiramento de sua parede.

TRATAMENTO

Os aneurismas ventriculares verdadeiros não rompem e a excisão cirúrgica é efetivada com o objetivo de melhorar a função ventricular em pacientes com IC avançada ou arritmias intratáveis. Os pseudoaneurismas, por outro lado, rompem e devem ser ressecados com urgência, tão logo diagnosticados.

A utilização de prótese semirrígida de pericárdio bovino, associada à reconstrução geométrica do VE, melhora a função ventricular e a sobrevida a longo prazo do paciente.

Apesar de haver a descrição do tratamento cirúrgico, por meio da ressecção do colo aneurismático e sutura deste com reconstrução ventricular por plicatura do aneurisma, em 1954, somente com o advento da circulação extracorpórea se iniciou a operação de aneurismectomia de VE com coração aberto. Com o início da operação de revascularização do miocárdio, na década de 60, a associação do tratamento cirúrgico de aneurisma de VE com a revascularização miocárdica tornou-se uma rotina. Com a difusão deste tratamento, foram várias as técnicas empregadas, dentre as quais destacam-se a da sutura linear de Cooley, a do retalho elíptico de dacron ou da reconstrução geométrica de Jatene e da endoventriculoplastia circular, com exclusão septal, de Dor *et al*.

Atualmente, a cirurgia do aneurisma de VE está estabelecida como uma forma de tratamento para pacientes com manifestações clínicas típicas (angina, IC, arritmias ventriculares e embolias periféricas), porém, ainda não se definiu qual a melhor técnica para tratamento.

Técnicas baseadas no mesmo princípio da reconstrução geométrica do VE, com o uso de próteses rígidas ou semirrígidas, ou mesmo no uso do septo interventricular fibrosado, tiveram resultados a longo prazo e mostraram-se comparáveis entre si e superiores a outras técnicas de tratamento. As grandes vantagens desta técnica são a exclusão dos segmentos acinéticos septais, a reorganização circular do restante do músculo do VE, tornando-o mais fisiológico, e a ressecção completa dos segmentos aneurismáticos sem comprometer o tamanho da cavidade.

REFERÊNCIAS

ALMEIDA, Rui M. S. *et al*. Remodelamento do ventrículo esquerdo pela técnica da endoventriculo-plastia com exclusão septal: experiência inicial. *Rev. Bras. Cir. Cardiovascular*, São Paulo, nº 4, v. 15, out./dez. 2000. p. 302-307.

BRAILE, Domingo M. *et al*. Reconstrução da geometria do ventrículo esquerdo com prótese semirrí-gida de pericárdio bovino: experiência de 11 anos. *Rev. Bras. Cir. Cardiovascular*, São Paulo, nº 2, v. 14, abr./jun. 1999. p. 71-74.

HARE, Joshua M. Cardiomiopatias dilatada, restritiva e infiltrativa. *In* LIBBY, P. *et al*. *Braunwald: tratado de medicina cardiovascular*. 8ª ed. Rio de Janeiro: Elsevier, 2010. p. 1739-1762.

HARRISON, Tinsley R.; FAUCI, Anthony S. *Harrison: medicina interna*. 16ª ed. Rio de Janeiro: McGraw--Hill, 2006.

MCKENNA, William. Doenças do miocárdio e do endocárdio. *In:* GOLDMAN, Lee; AUSIELLO, Dennis [e.]. *Cecil: medicina interna*. 23ª ed. Rio de Janeiro: Elsevier, 2009. v. 1. p. 442-460.

CAPÍTULO 5

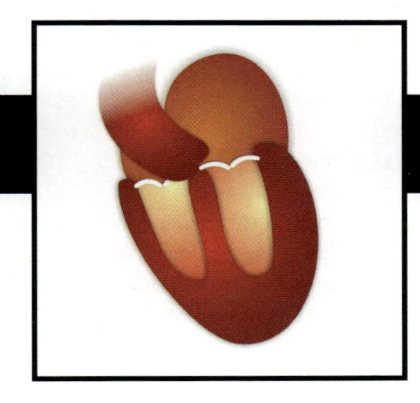

CARDIOPATIA HIPERTENSIVA

EDUARDO MAFFINI DA ROSA
CAROLINA FEDRIZZI EL ANDARI
MARIANA MENEGOTTO
TATIANE OLIVEIRA DE SOUZA
CINTIA PAOLA SCOPEL

A hipertensão arterial sistêmica causa enrijecimento das paredes do ventrículo esquerdo, causando dificuldade de enchimento deste, aumento da pressão intraventricular na diástole e aumento do átrio esquerdo. Com a evolução do quadro, o ventrículo esquerdo apresentará aumento de sua massa e espessura de suas paredes e a aorta apresentará aumento de seu diâmetro interno.

CARDIOPATIA HIPERTENSIVA

Eduardo Maffini da Rosa
Carolina Fedrizzi el Andari
Mariana Menegotto
Tatiane Oliveira de Souza
Cíntia Paola Scopel

DEFINIÇÃO

A cardiopatia hipertensiva é uma situação médica na qual existe uma alteração na estrutura e na função do coração como consequência da hipertensão arterial sistêmica (HAS). Numa fase precoce as alterações são apenas no modo de funcionamento cardíaco. No entanto, se a HAS não for tratada adequadamente, poderá haver evolução dessas alterações culminando com a hipertrofia ventricular e a insuficiência cardíaca (IC).

FISIOPATOLOGIA

A hipertrofia cardíaca é uma resposta adaptativa e compensatória à sobrecarga, tanto de pressão quanto de volume, visando à normalização da carga sistólica. Entretanto, essa hipertrofia pode tornar-se acentuada, ocasionando não apenas danos ao coração (dilatação e IC), mas também predispondo o indivíduo a eventos cardiovasculares e cerebrovasculares, assim como a insuficiência renal crônica (IRC) e a morte súbita. Esse aumento da massa muscular ventricular pode ser explicado pela duplicação de sarcômeros, alterações nas isoenzimas – responsáveis pela síntese de proteínas estruturais ou pelo aumento da miofibra.

O paciente com hipertrofia cardíaca pode viver durante vários anos com o débito cardíaco adequado, mesmo com a presença da HAS. Porém, com o passar do tempo a espessura aumentada (> 2 cm) da parede do ventrículo esquerdo provoca o enrijecimento da cavidade cardíaca esquerda, o que danifica o enchimento diastólico e consequentemente reduz o volume sistólico.

QUADRO CLÍNICO

Normalmente, pacientes com cardiopatia hipertensiva são assintomáticos ou possuem sintomas leves. Infelizmente as primeiras manifestações clínicas dessa patologia podem ocorrer quando o paciente já está muito próximo do óbito, ocorrendo mais frequentemente em indivíduos idosos.

DIAGNÓSTICO

O diagnóstico dessa patologia pode ser feito através do ECG, no qual se evidenciam alterações na repolarização ventricular. O exame que melhor demonstra tal patologia é o ecocardiograma, no qual a massa ventricular esquerda estará acima de 163 g/m em homens e 121 g/m em mulheres. Além disso, no ecocardiograma observa-se uma disfunção ventricular esquerda sistólica com uma fração de ejeção menor que 40%.

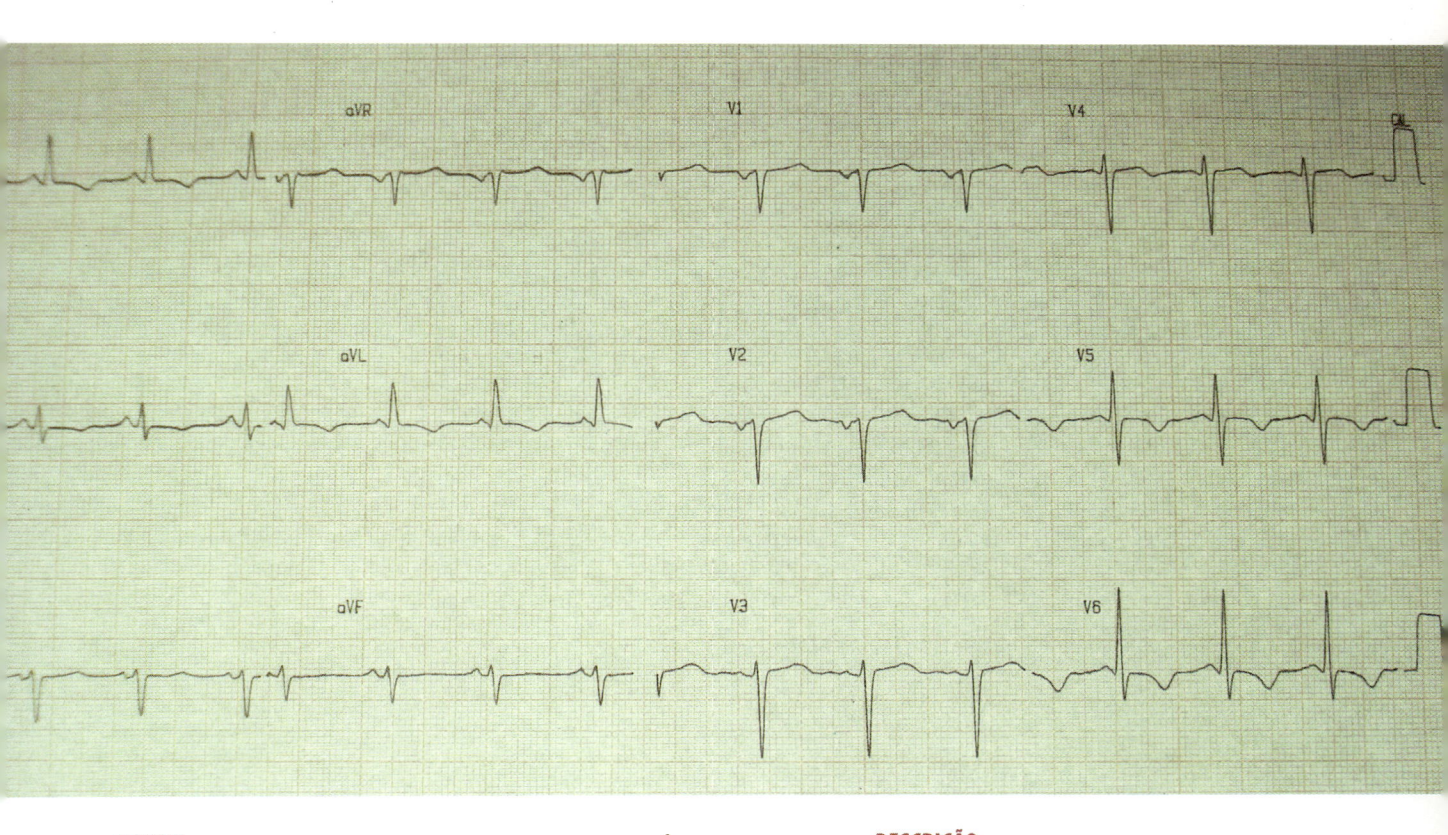

LAUDO

Ritmo sinusal taquicárdico. Fc 140 bpm. Sinais de sobrecarga ventricular esquerda. Aumento atrial esquerdo.

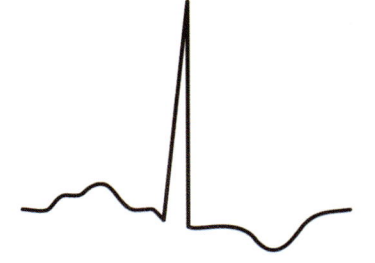

DESCRIÇÃO

O eletrocardiograma apresenta sinais do sobrecarga sistólica do ventrículo esquerdo associado a aumento do átrio esquerdo. O aumento do ventrículo esquerdo se apresenta pelo aumento da voltagem do QRS nas derivações laterais esquerdas – D1, AVL, V5, V6, associado a alargamento do QRS e infradesnivelamento do seguimento ST e onda T nestes mesmos locais.

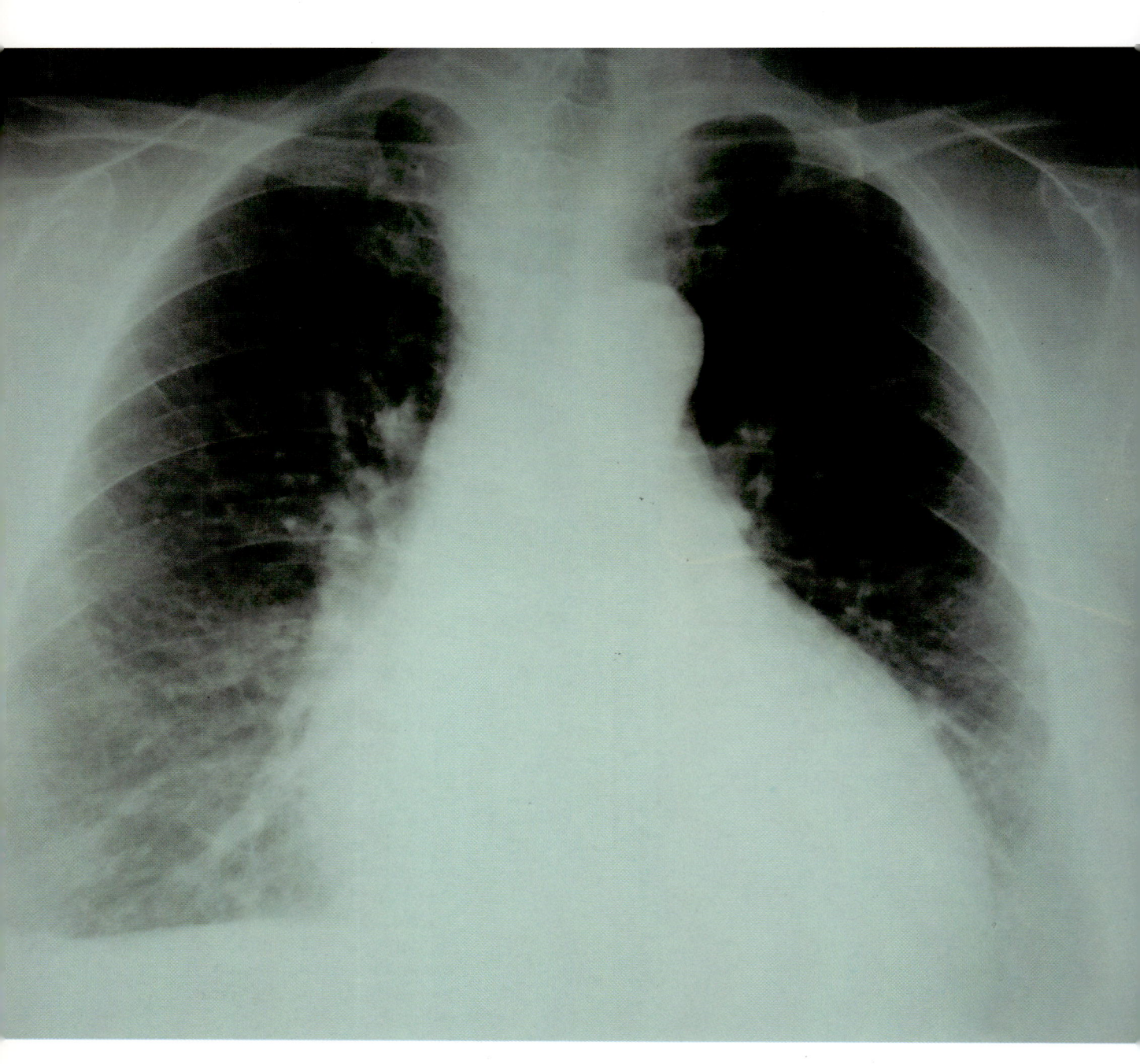

LAUDO

Aumento do ventrículo esquerdo e átrio esquerdo. Ectasia aórtica.

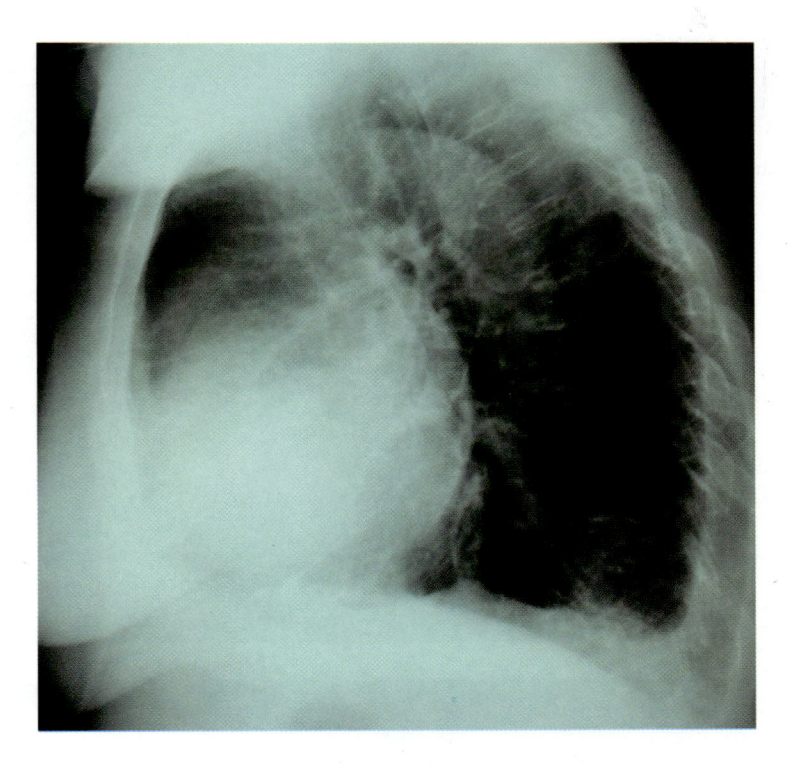

DESCRIÇÃO

O radiograma de tórax apresenta aumento do ventrículo esquerdo, aumento do átrio esquerdo e aumento do cajado da aorta.

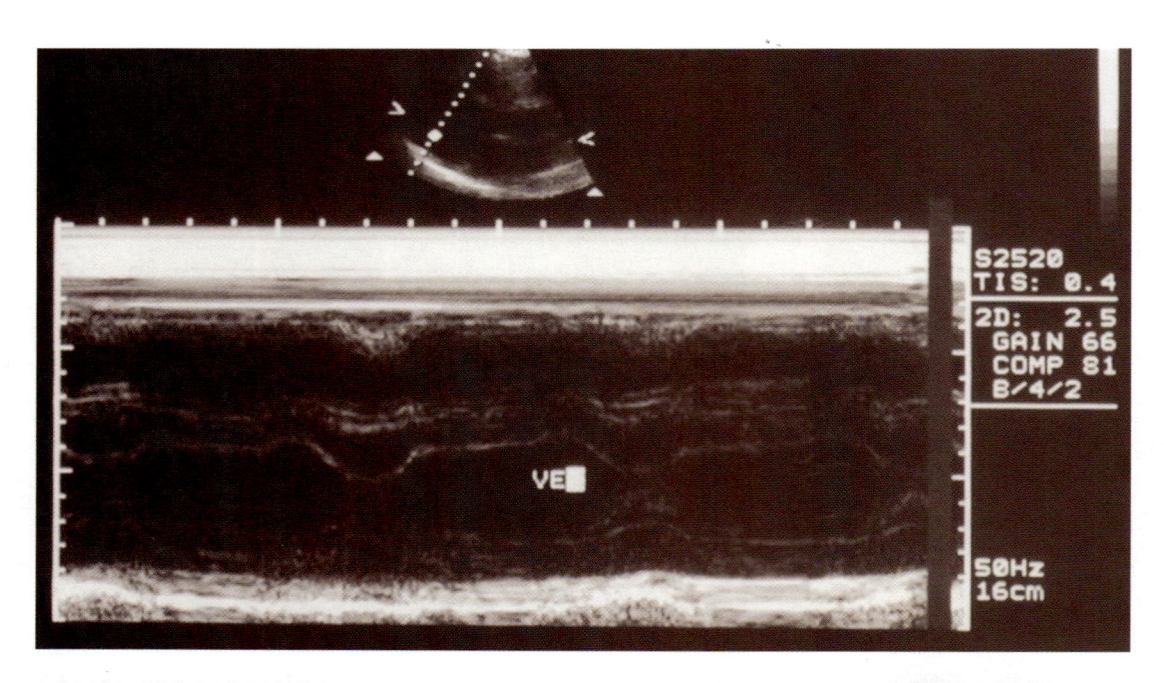

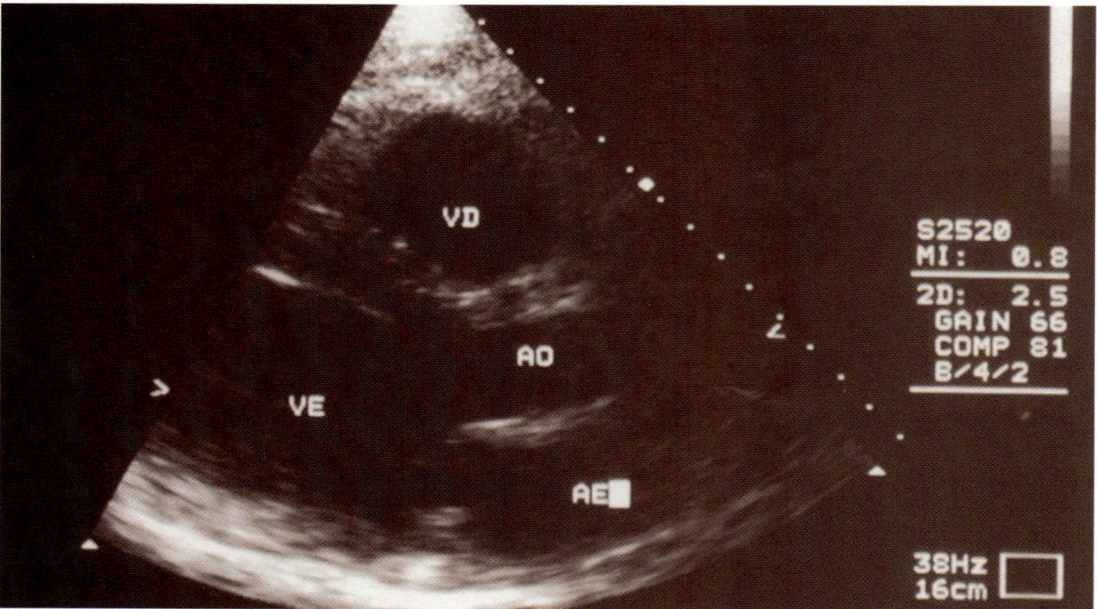

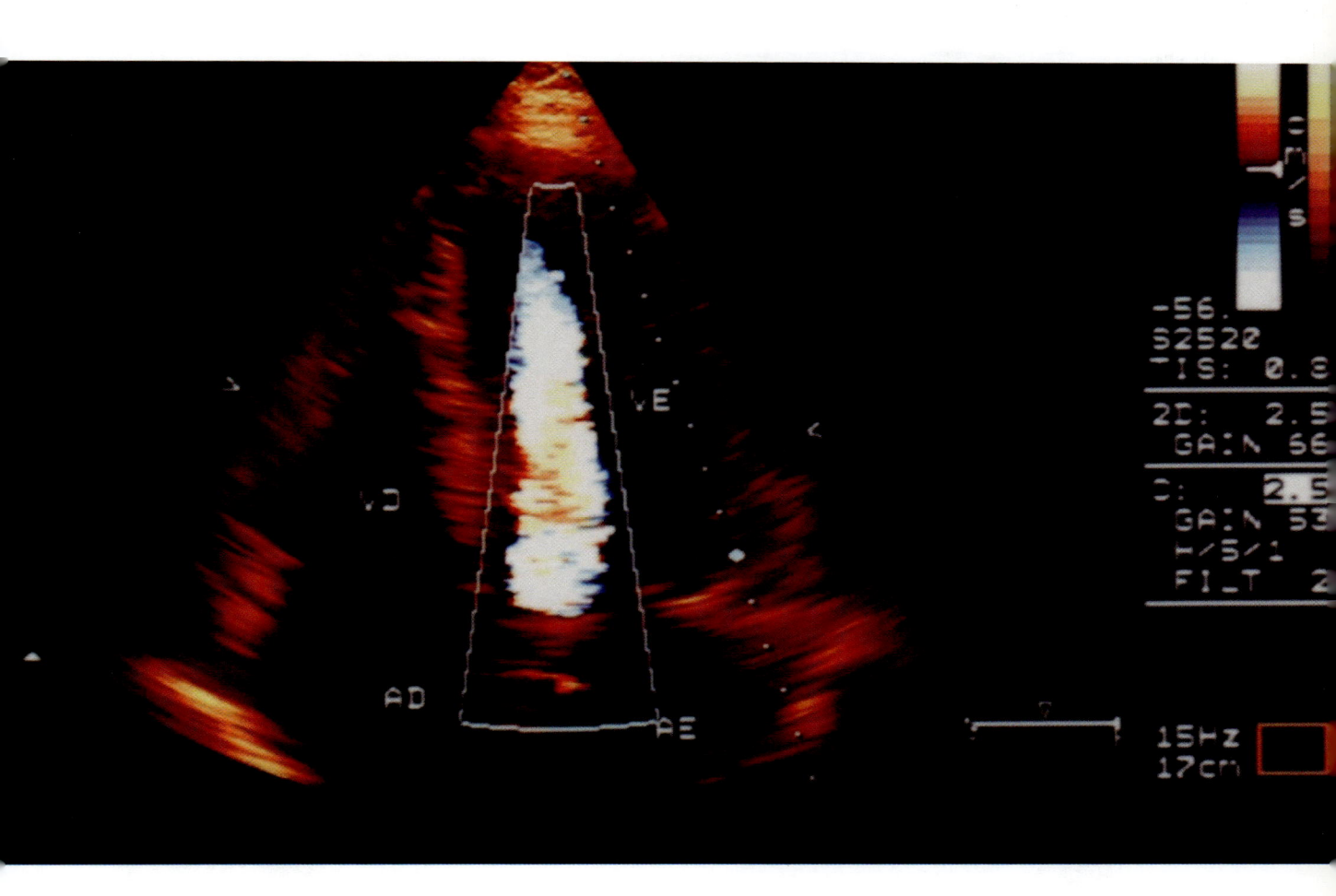

LAUDO

Aumento atrial esquerdo. Hipertrofia ventricular esquerda. Disfunção diastólica tipo relaxamento alterado. Ectasia aórtica. Calcificação do anel mitral.

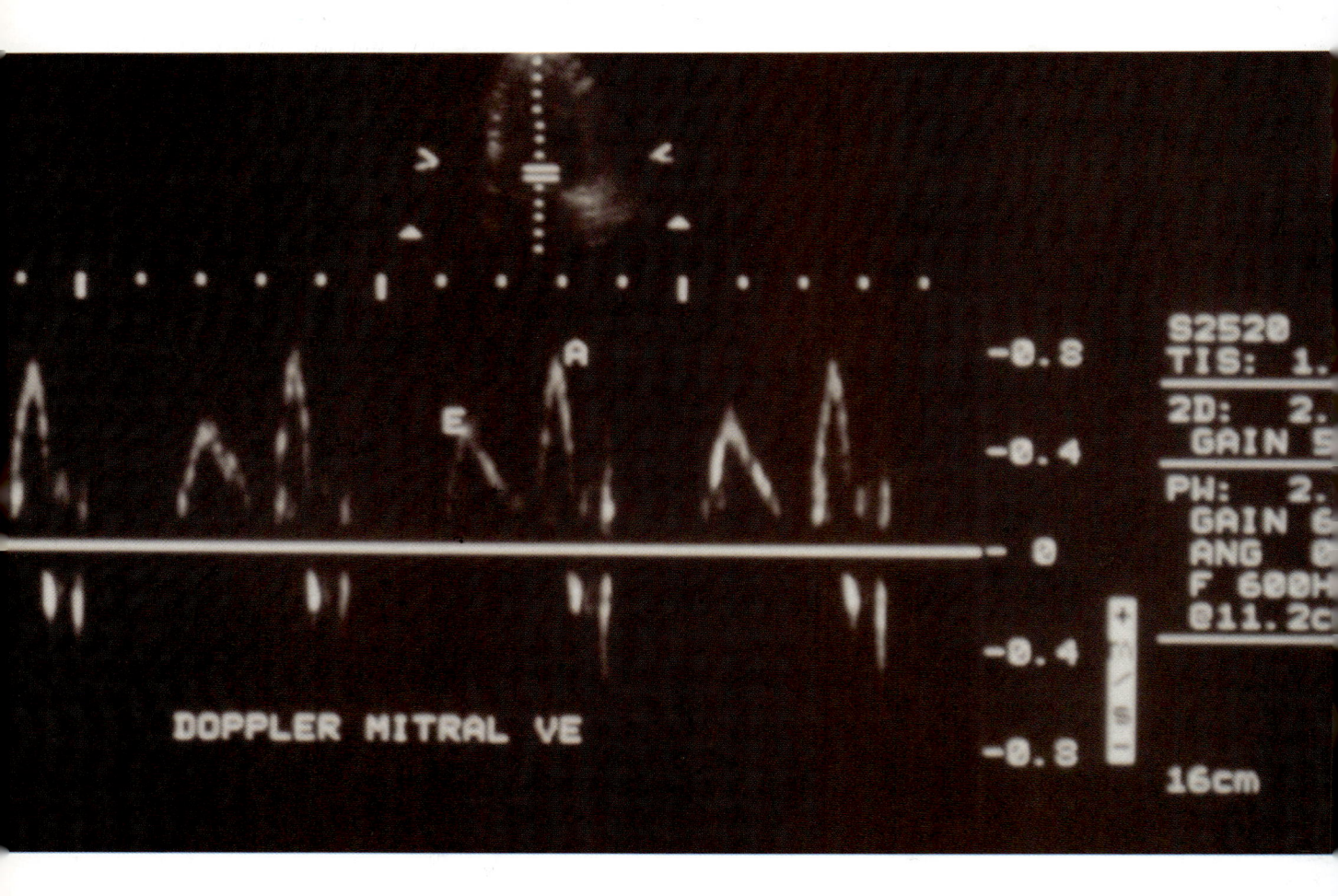

DESCRIÇÃO

O eco bidimensional apresenta aumento do diâmetro da aorta, redução da relação da cavidade ventricular esquerda e a espessura da parede ventricular, e aumento do átrio esquerdo.

Estas alterações podem estar relacionadas com regurgitações, aórtica e mitral, de graus mínimos ou leves.

O Doppler pulsado apresenta inversão na relação das ondas A e E, sendo a onda E mais alta que a onda A. Isto se deve à maior participação da sístole atrial para o enchimento ventricular.

Médias Horárias - PAS

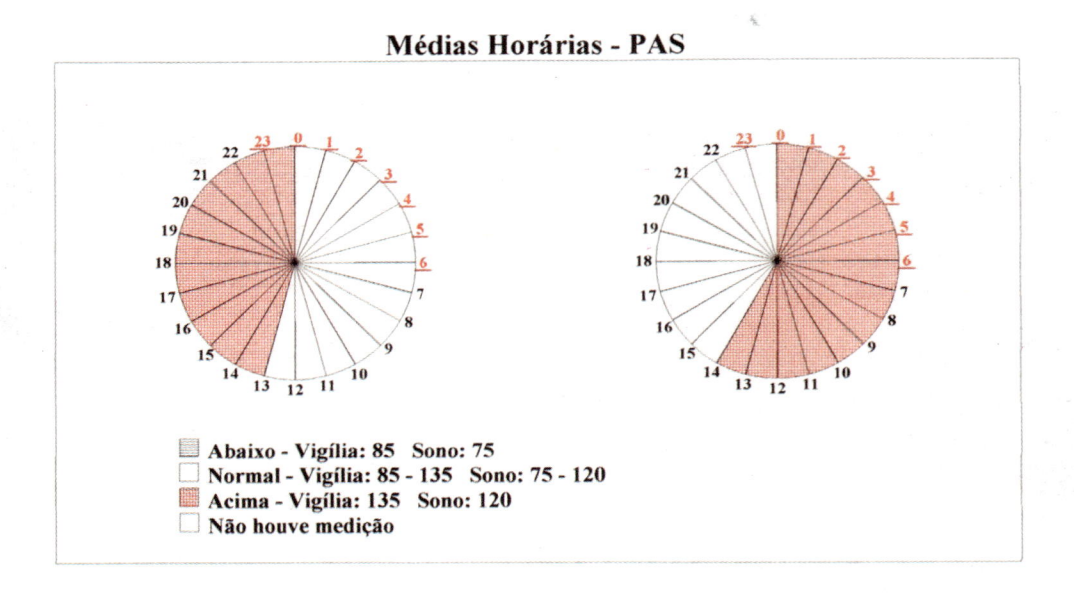

Abaixo - Vigília: 85   Sono: 75
Normal - Vigília: 85 - 135   Sono: 75 - 120
Acima - Vigília: 135   Sono: 120
Não houve medição

Médias Horárias - PAD

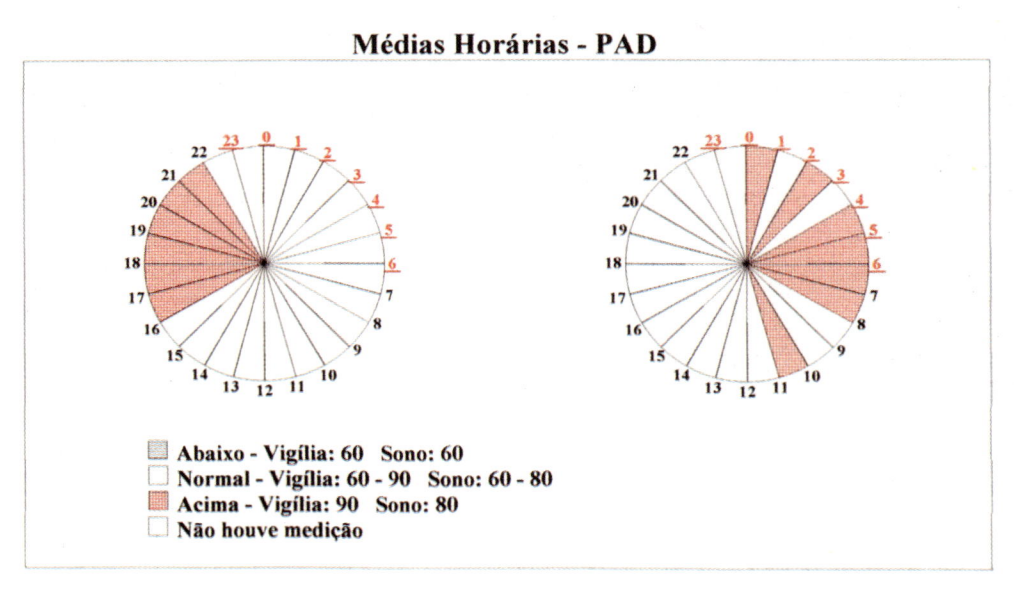

Abaixo - Vigília: 60   Sono: 60
Normal - Vigília: 60 - 90   Sono: 60 - 80
Acima - Vigília: 90   Sono: 80
Não houve medição

A imagem apresenta diagramas em pizza registrando, em cores, o nível da pressão sistólica em um gráfico e, em outro, a pressão diastólica conforme o horário de medida da pressão arterial. Abaixo se observa os referenciais de pressão para cada cor.

Na imagem seguinte, as mesmas medidas de pressão arterial são apresentadas em gráfico, sendo a linha superior representativa das medidas de pressão sistólica, a linha inferior dos registros das medidas de pressão diastólica e a linha intermediária das médias, hora a hora, entre as pressões sistólica e diastólica.

No gráfico abaixo, há um registro das medidas de frequência cardíaca em função do tempo e especificadas em horas.

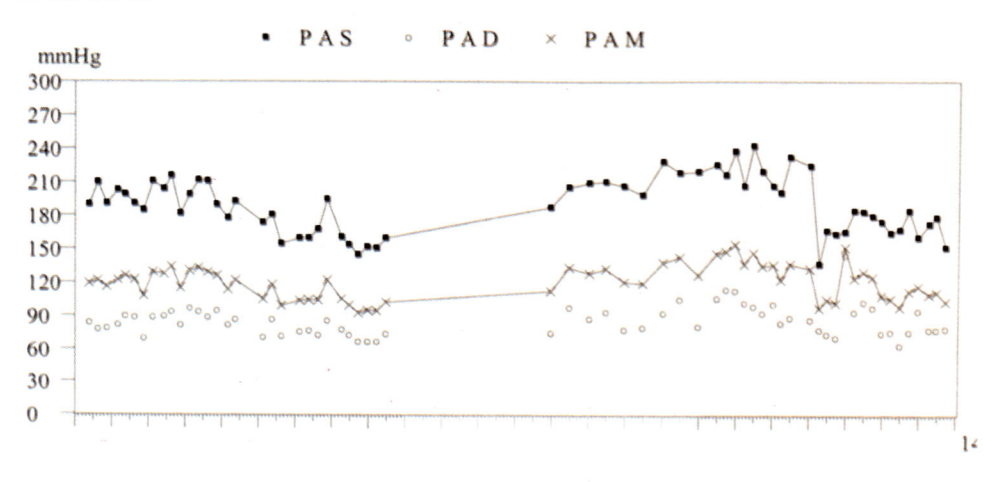

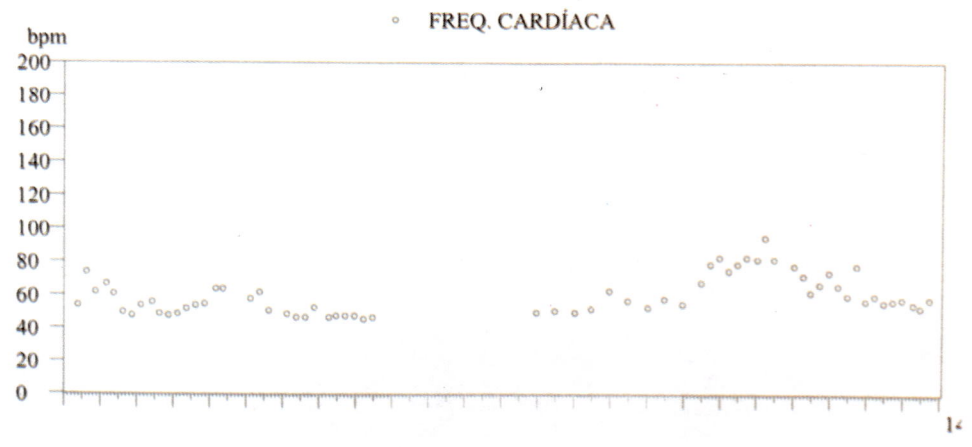

TRATAMENTO

O tratamento dessa patologia consiste, essencialmente, no controle eficaz da HAS. Os inibidores da ECA parecem reduzir não apenas os níveis tensionais, mas também a massa ventricular.

REFERÊNCIAS

DOUGLAS, O. S.; KAPLAN, N. M. *Definition and pathogenesis of left ventricular hypertrophy in hypertension.* Disponível em: <http://www.uptodate.com>. Acesso em 13 jun. 2009.

GOLDMAN, Lee *et al. Cecil: tratado de medicina interna.* 22ª ed. Rio de Janeiro: Elsevier, 2005.

KAPLAN, N. M.; DOUGLAS, P. S. *Clinical implications and treatment of left ventricular hypertrophy in hypertension.* Disponível em: <http://www.uptodate.com>. Acesso em 07 jun. 2009.

CAPÍTULO 6

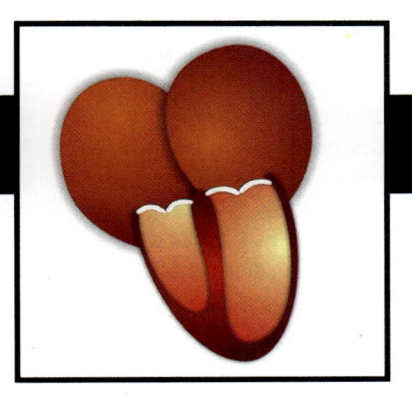

FIBRILAÇÃO ATRIAL
EDUARDO MAFFINI DA ROSA
CAROLINA FEDRIZZI EL ANDARI
KAMILA GIMENES
LUCÍDIO BUSNELLO

A presença da fibrilação atrial causa atrofia do aparato muscular atrial, alterando a anatomia cardíaca normal, fazendo com que apresente aumento biatrial.

FIBRILAÇÃO ATRIAL

Eduardo Maffini da Rosa
Carolina Fedrizzi el Andari
Kamila Gimenes
Lucídio Busnello

DEFINIÇÃO

Fibrilação atrial (FA) é a arritmia cardíaca crônica mais comum. A prevalência está estimada em torno de 0,4% da população mundial. Em pessoas com menos de 60 anos estima-se uma prevalência de 1% e em pessoas acima dos 80 anos esta incidência gira em torno de 6%. Estudos populacionais demonstram que apenas 12% dos casos de FA não estão relacionados com doenças cardiopulmonares. Nos estudos prospectivos a incidência, em pessoas acima de 40 anos, aumenta menos de 0,1% por ano de vida. Embora ocorra mais frequentemente em cardiopatas, especialmente em valvopatas e nos portadores de insuficiência cardíaca (IC), também pode acometer pacientes sem sinais clínicos ou laboratoriais de cardiopatia estrutural, a chamada fibrilação atrial isolada.

FISIOPATOLOGIA

A FA consiste na rápida despolarização dos átrios, com frequência acima de 400 bpm, pode ser autolimitada ou necessitar de intervenção. Podendo ser classificada em:

- Recorrente: quando o paciente apresenta dois ou mais episódios;
- Paroxística: quando a arritmia termina espontaneamente;
- Persistente: inclui casos de longa duração, podendo estes serem superiores a um ano.

PATOLOGIA

A maioria dos exames histológicos do miocárdio de pacientes com FA demonstram sinais de fibrose justaposta às fibras atriais. A infiltração dessa fibrose – que pode ocorrer em casos de amiloidose, sarcoidose ou hemocromatose, por exemplo – afeta o nodo sinusal também podendo acarretar em uma reação inflamatória ou processo degenerativo difíceis de serem diagnosticados. A hipertrofia da fibra atrial tem sido descrita como a maior, ou em alguns casos a única, mudança histológica encontrada no miocárdio de pacientes com FA. Mecanismos autoimunes, que predispõem geneticamente à FA, são levados em consideração quando há a presença de altos títulos de cadeias pesadas e anticorpos antimiosina no soro de pacientes com FA paroxística sem doença cardíaca prévia. A importância do achado reside no fato de que a prevalência de doenças cardíacas é extremamente baixa em pacientes com FA paroxística em comparação com pacientes que possuem FA permanente.

DIAGNÓSTICO

Se não há atividade atrial organizada, não há onda P. O desaparecimento das ondas P, no eletrocardiograma (ECG) de superfície, é substituído por ondulações rápidas, irregulares, de morfologia variável e geralmente de pequena amplitude, denominadas de onda "f" – de fibrilação. Na presença de ondas de fibrilação, mas com QRS regular, deve haver algum fator adicional presente, como bloqueio atrioventricular (BAV) de 3º grau, ritmo juncional acelerado, ou ambos, frequentes na intoxicação digitálica. O intervalo QRS apresenta despolarização ventricular normal, a menos que ocorra condução ventricular aberrante. A amplitude da onda R varia irregularmente.

A resposta ventricular é irregular o tempo todo. Esse efeito dos impulsos atriais não conduzidos, que influem na resposta dos impulsos atriais posteriores, se denomina *condução oculta*. Como consequência disto, a resposta ventricular é relativamente lenta em relação à resposta atrial.

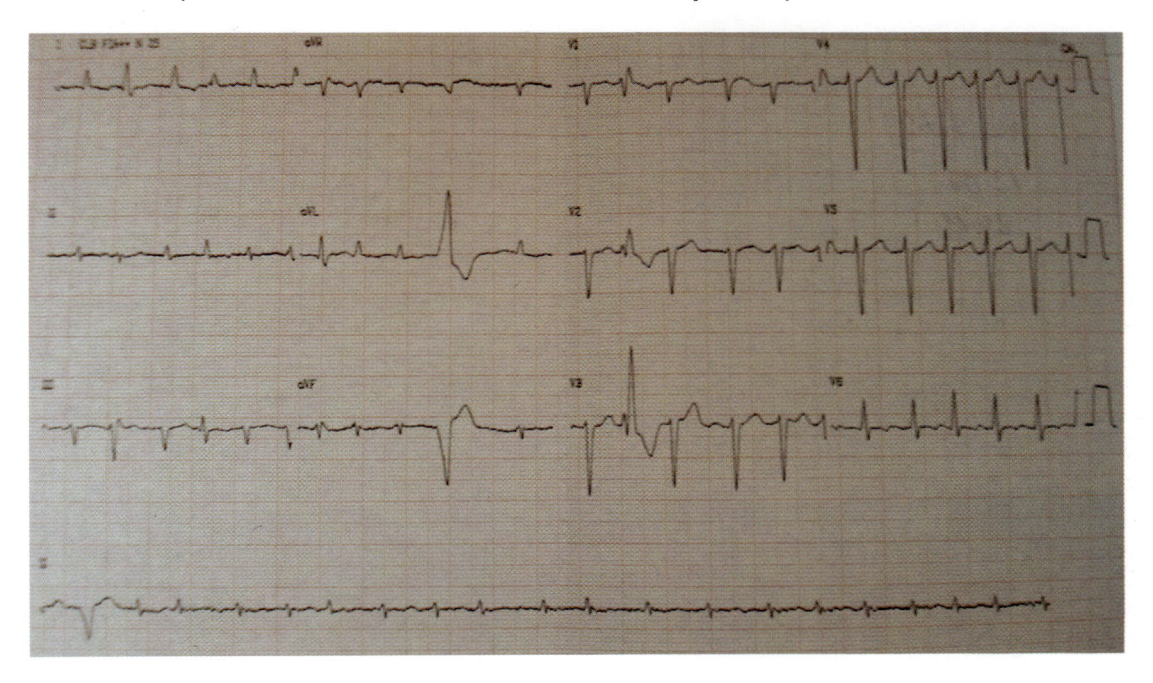

LAUDO

Fibrilação atrial, FC média de 100 bpm. Desvio do eixo do QRS para a esquerda. Alteração do segmento ST lateral.

DESCRIÇÃO

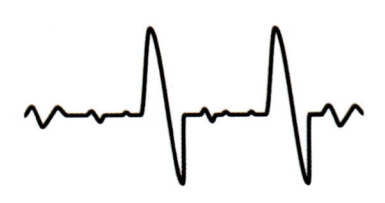

O eletrocardiograma apresenta uma variabilidade nas distâncias entre os sucessivos QRS, denotando um ritmo irregular. A frequência é variável. Não há onda P e a linha de base entre a onda T e o próximo QRS é irregular. Os demais achados são decorrentes da doença de base que originou a fibrilação atrial. Neste caso específico, estas alterações são sugestivas de doença hipertensiva.

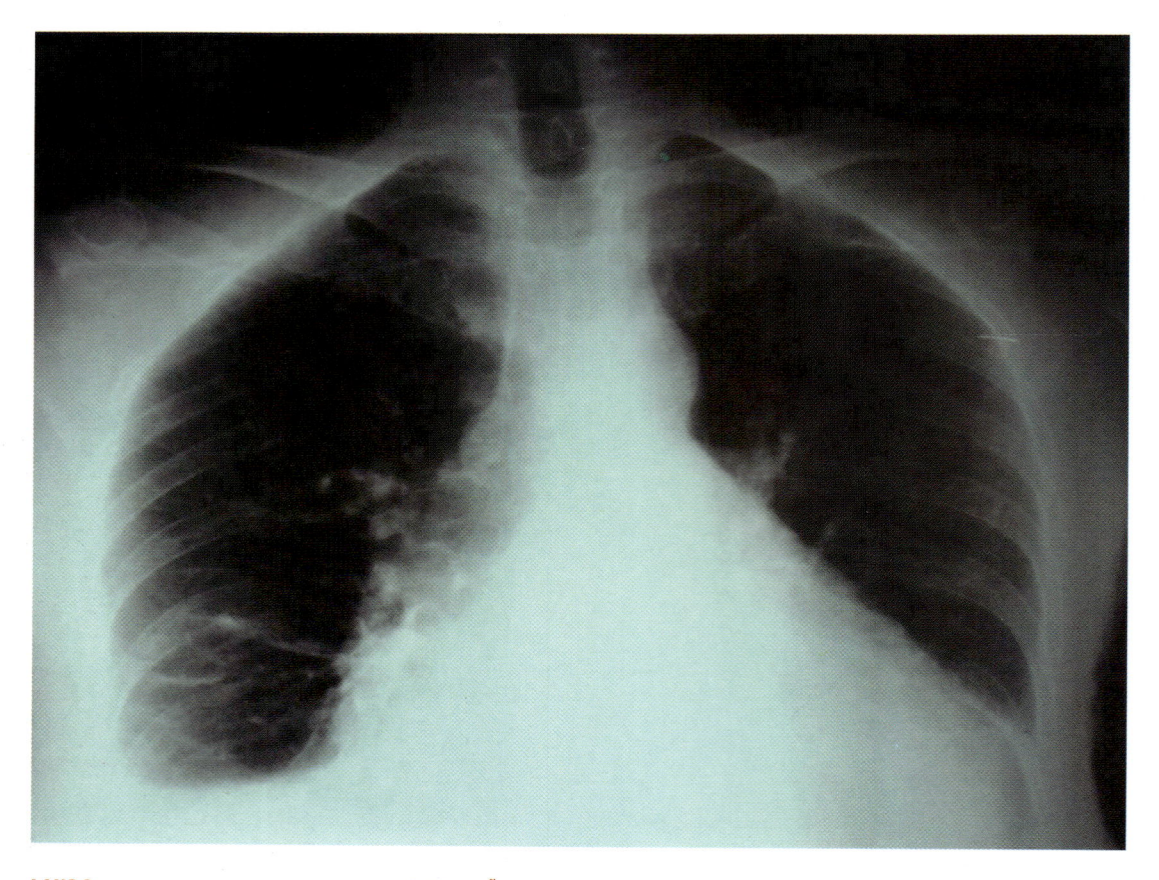

LAUDO

Aumento ventricular esquerdo. Aumento biatrial. Derrame pleural à direita. Congestão dos septos linfáticos.

DESCRIÇÃO

O aumento do ventrículo esquerdo é observável junto à borda esquerda da silhueta cardíaca, que se desloca em direção ao ângulo costofrênico ipsilateral. O aumento do átrio direito é observado na borda cardíaca direita inferiormente e o átrio esquerdo junto à inclinação do brônquio-fonte esquerdo, que fica horizontalizado na presença de aumento atrial esquerdo. O derrame pleural é observado junto ao ângulo costofrênico, que perde seu aspecto angular agudo, tornando-se côncavo. Outro sinal apresentado é a congestão pulmonar, representada pela presença das linhas B de Kerlin, ou seja, linha horizontais finas, na periferia da porção pulmonar inferior.

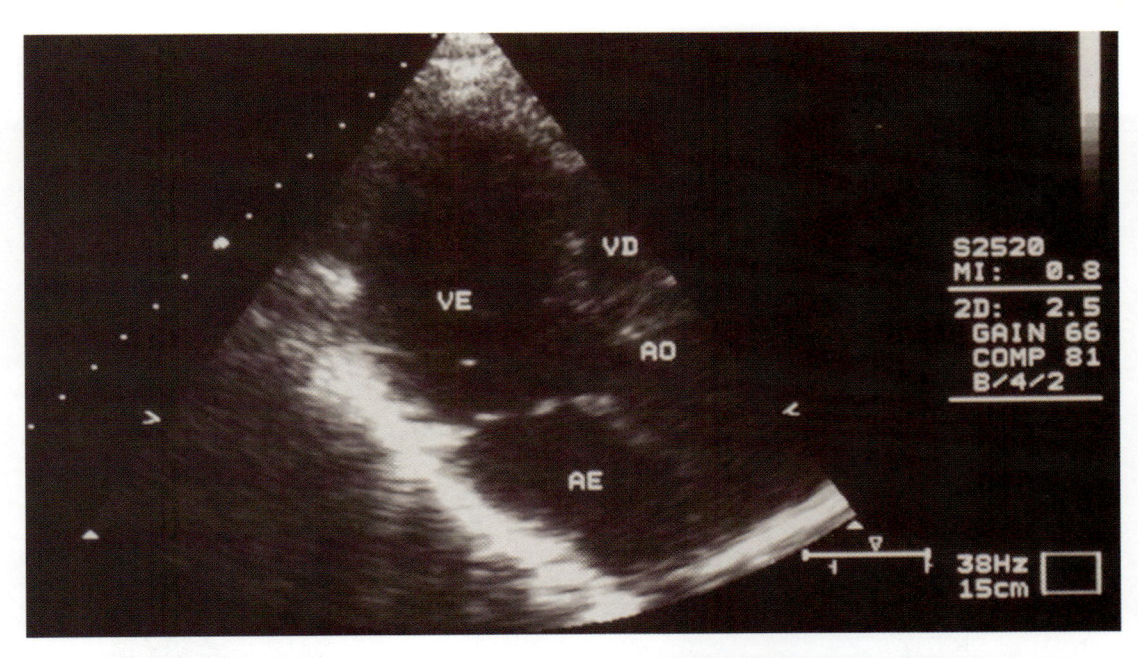

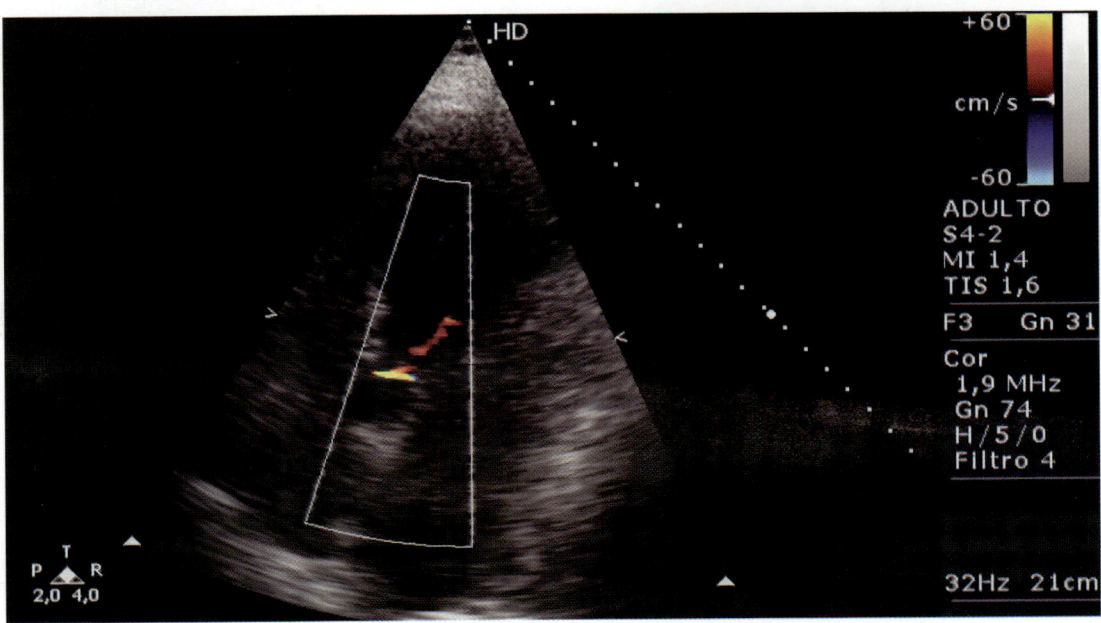

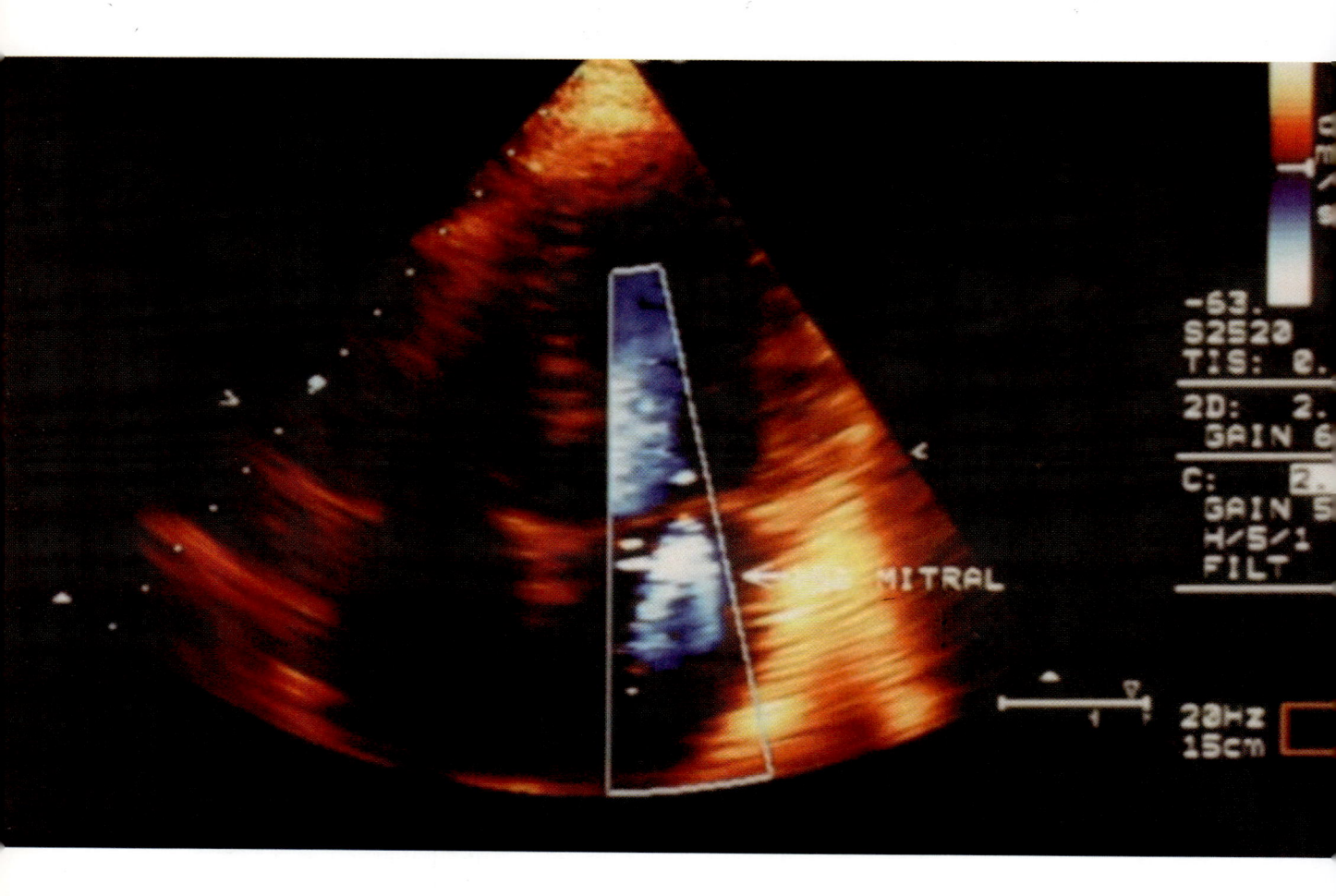

LAUDO

Aumento biatrial.

DESCRIÇÃO

A permanência da fibrilação atrial e a ausência de contração efetiva da musculatura dos átrios leva ao crescimento dos átrios. Na ecocardiografia, o melhor momento de observar esta alteração é na janela apical de quatro câmaras bidimensionais, quando se visualiza ambos os átrios aumentados.

Diversos fatores etiológicos estão relacionados à FA, como hipertensão arterial sistêmica, idade avançada, diabetes mellitus, insuficiência cardíaca congestiva, acidente vascular cerebral ou episódio isquêmico transitório prévio, hipertireoidismo, intoxicação alcoólica, distúrbios eletrolíticos, embolia pulmonar e pericardite.

Os sintomas mais frequentes em pacientes com FA são angina, palpitação e dispneia. Ao exame físico constata-se ritmo cardíaco irregular, geralmente taquicárdico e pulso periférico fraco pela baixa ejeção de sangue. Estes estão relacionados à resposta ventricular elevada e irregular e à perda da contração atrial, que pode levar à queda de 25% do débito cardíaco. A mais séria consequência da FA é a propensão para formação de trombos e consequente fenômenos tromboembólicos principalmente em território cerebrovascular, principal responsável pela morbidade e mortalidade dessa arritmia.

Os objetivos do tratamento são a melhora do desempenho cardíaco, o alívio dos sintomas e a diminuição do risco de tromboembolismo. A terapia deve ser dirigida, primariamente, para a remoção dos fatores desencadeantes, sendo, portanto, a identificação de tais fatores imprescindível.

O início do tratamento deve objetivar o controle da frequência cardíaca. A terapia com digitálicos tem sido amplamente utilizada para o controle agudo da frequência ventricular. As demais opções são: betabloqueadores, bloqueadores dos canais de cálcio (BCC) e sulfato de magnésio.

A cardioversão é um método utilizado para restabelecer o ritmo sinusal em pacientes em FA persistente. Quando a arritmia for o fator desencadeante de hipotensão ou piora da angina *pectoris*, em pacientes com doença coronariana, a necessidade de cardioversão é imediata.

A escolha do método inicial de cardioversão elétrica ou química deve considerar a duração da arritmia e a presença, ou não, de cardiopatia estrutural. A cardioversão química possui grande sucesso em pacientes com FA de início recente e em portadores de coração estruturalmente normal. Em pacientes com FA crônica e em portadores de cardiopatias estruturais, a escolha mais eficaz é a cardioversão elétrica.

Efeitos pró-arrítmicos graves podem ser desencadeados pela utilização de drogas BCC em cardiopatas. Nesses casos a utilização de cardioversão elétrica é a tentativa mais segura. Amiodarona, por via intravenosa, é a alternativa medicamentosa para

esse grupo, terapia que raramente se associa a pró-arritmias, também parece ser a droga de maior eficácia na prevenção de recorrências de FA.

Após a reversão do quadro de FA, o tratamento antiarrítmico tem por objetivo a prevenção de recorrências. Em casos onde a restauração do ritmo sinusal não for possível, preconiza-se o controle da frequência ventricular e a instituição de terapia profilática de fenômenos tromboembólicos.

Em casos raros, onde o controle medicamentoso da frequência ventricular não foi atingido, existe a possibilidade da ablação percutânea por radiofrequência, levando ao BAV total (ablação da FA consiste na aplicação de sessões de radiofrequência, em focos arritmogênicos, geralmente localizados nos óstios das veias pulmonares.). A opção cirúrgica para o tratamento da FA é técnica denominada "labirinto", onde se realizam múltiplas incisões e suturas da musculatura atrial causando a interrupção dos circuitos arritmogênicos.

REFERÊNCIAS

AMERICAN HEART ASSOCIATION. *ACLS – Suporte avançado de vida em cardiologia*, 1997.

FUSTER, V. *et al*. ACC/AHA/ESC Guidelines for the management of patients with atrial fibrilation: a report of the American College of Cardiology/American Heart Association Task Force on Practice Guidelines and the European Society of Cardiology Committee for Practice Guidelines (Writing Committee to Revise the 2001 Guidelines for the management of patients with atrial fibrilation). *Circulation*, 2006; 114, e257, e354.

HARRISON, Tinsley R.; FAUCI, Anthony S. *Harrison: medicina interna*. 16ª ed. Rio de Janeiro: McGraw-Hill, 2006.

MCPHEE, S. J.; PAPADAKIS, M. A.; TIERNEY JR., L. M. *Current medical diagnosis and treatment*. 48ª ed. Rio de Janeiro: McGraw-Hill Brasil, 2009.

PRADO, F. C.; RAMOS, J.; VALLE, J. R. *Atualização terapêutica: manual prático de diagnóstico e tratamento*. 23ª ed. São Paulo: Artes Médicas, 2007.

CAPÍTULO 7

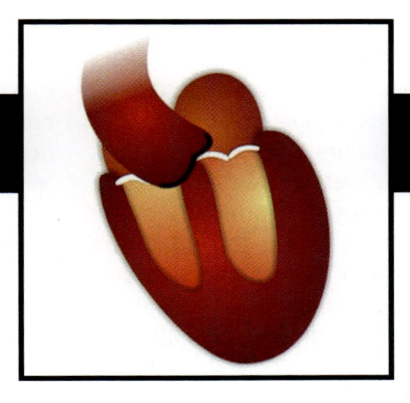

ESTENOSE VALVAR AÓRTICA
EDUARDO MAFFINI DA ROSA
CAMILA VIECCELI
VIVIANE GEHLEN

Valva aórtica com as cúspides espessadas e calcificadas, com restrição da abertura. Nesta patologia, o ventrículo esquerdo fica hipertrófico, apresentando aumento da espessura das paredes, e a porção ascendente da aorta torácica fica dilatada devido ao fenômeno chamado de dilatação pós-estenótica.

ESTENOSE VALVAR AÓRTICA
Eduardo Maffini da Rosa
Camila Viecceli
Viviane Gehlen

EPIDEMIOLOGIA

Cerca de 1% da população nasce com a valva aórtica bicúspide, ocorrendo maior prevalência na população do sexo masculino. Estima-se que em aproximadamente um terço destes indivíduos a estenose manifesta-se da quinta à sétima década de vida. As estenoses em valvas aórticas, que são tricúspides, são degenerativas e costumam surgir um pouco mais tarde, por volta dos 60 a 80 anos de idade.

DEFINIÇÃO

Cardiopatia decorrente da abertura incompleta da valva aórtica, causando um gradiente na pressão sistólica entre o ventrículo esquerdo e a artéria aorta.

FISIOPATOLOGIA

A função normal da valva aórtica, localizada entre a aorta ascendente e o ventrículo esquerdo, é abrir permitindo o esvaziamento do ventrículo esquerdo (VE) para a aorta e fechar impedindo o refluxo sanguíneo para o VE. O funcionamento inadequado, na presença da estenose valvar, ocasiona uma resistência ao fluxo sanguíneo anterógrado vindo da câmara cardíaca esquerda. Assim, para tornar possível a ejeção do sangue, o ventrículo esquerdo é submetido a uma sobrecarga de pressão, tendo como consequência a sua hipertrofia. Após anos de sobrecarga pressórica, o miocárdio sofre efeitos lesivos, causando hipertrofia ventricular esquerda excessiva, que reduz a reserva coronariana (devido à compressão da microvascularização do músculo cardíaco) causando isquemia miocárdica. Além disso, a hipertrofia e a fibrose muscular podem levar à insuficiência cardíaca, evoluindo para um quadro de congestão pulmonar acompanhada de dispneia.

ETIOLOGIA

A estenose aórtica pode ser resultado de uma anomalia congênita, febre reumática ou de um processo inflamatório ativo, semelhante ao da doença inflamatória crônica, resultando em espessamento e calcificação valvar. A anomalia congênita mais comum é a formação de uma valva bicúspide, com insuficiência da comissura em seu desenvolvimento, sendo indicada por uma rafe em uma das cúspides. Já a febre reumática provoca fibrose das margens do folheto, gerando fusão das comissuras com posterior calcificação.

QUADRO CLÍNICO

O quadro clínico da estenose aórtica cursa com desconforto torácico, síncope e insuficiência cardíaca, sendo que na fase inicial da patologia o paciente pode apresentar-se assintomático.

A dor torácica, semelhante a da cardiopatia isquêmica, resulta do esforço físico por haver uma redução drástica no suprimento miocárdico de oxigênio, ocasionando uma demanda aumentada compensatória, porém com uma reserva de fluxo coronariano reduzido.

A síncope pode surgir como sintoma inicial, desencadeada pelo mesmo fator da dor torácica, ou seja, o esforço físico que causa uma redução da resistência periférica total que não pode ser compensada pelo aumento do débito cardíaco, devido à obstrução à saída do VE, reduzindo, assim, a pressão arterial sistêmica e a perfusão cerebral.

Os sintomas de insuficiência cardíaca decorrem do déficit na capacidade de contração miocárdica (insuficiência sistólica), acompanhado por uma disfunção no relaxamento (insuficiência diastólica).

DIAGNÓSTICO

O diagnóstico da patologia é obtido basicamente pelo exame clínico e pode ser confirmado com exames de imagem em caso de dúvidas. Ao exame físico os achados característicos encontrados são:

• Sopro de ejeção sistólica com irradiação para o pescoço;
• Segunda e quarta bulha suave ou paradoxal;
• Retardo do pulso carotídeo com a diminuição de seu volume como sinal mais característico.

ELETROCARDIOGRAMA

No eletrocardiograma (ECG) podemos encontrar uma sobrecarga do VE. Porém, em alguns pacientes com estenose aórtica grave, a sobrecarga do VE pode estar ausente no exame, provavelmente devido a uma insuficiente dilatação da câmara cardíaca esquerda.

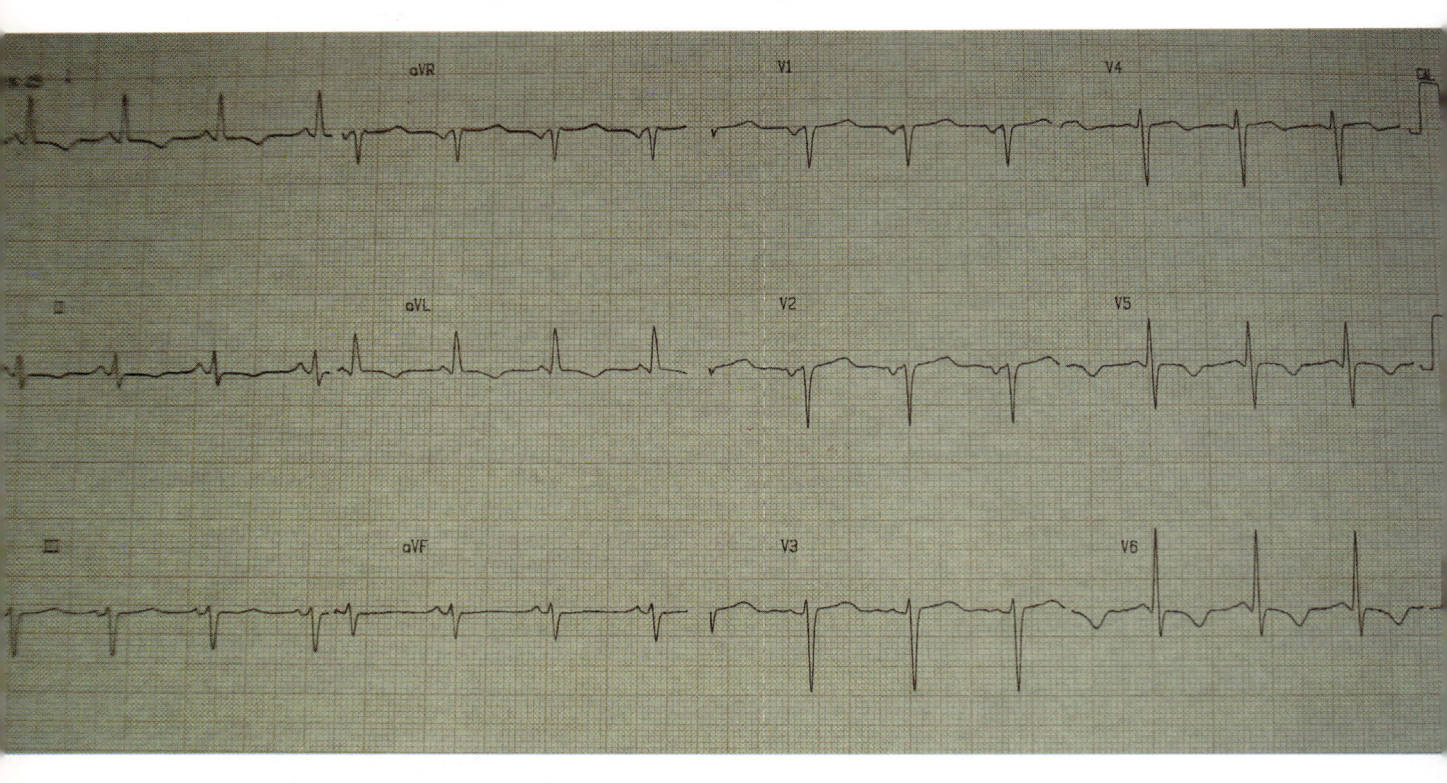

LAUDO

Ritmo sinusal. Fc: 100 bpm. Sinais de sobrecarga ventricular esquerda.

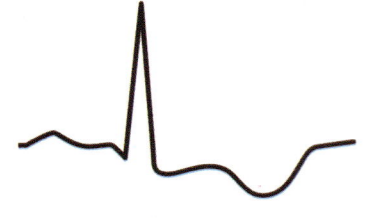

DESCRIÇÃO

Os sinais secundários à hipertrofia ventricular esquerda são: o aumento da voltagem do QRS, o infradesnivelamento do segmento ST e a onda T invertida, tudo isso nas derivações laterais esquerdas: D1, AVL, V5, V6.

RADIOGRAFIA

O Rx não serve como exame padrão para diagnóstico. No entanto, alguns achados na doença mais avançada podem ser considerados, tais como:

• Silhueta cardíaca em formato de bota;
• Calcificação da valva aórtica na incidência de perfil;
• Sinais de cardiomegalia e congestão pulmonar.

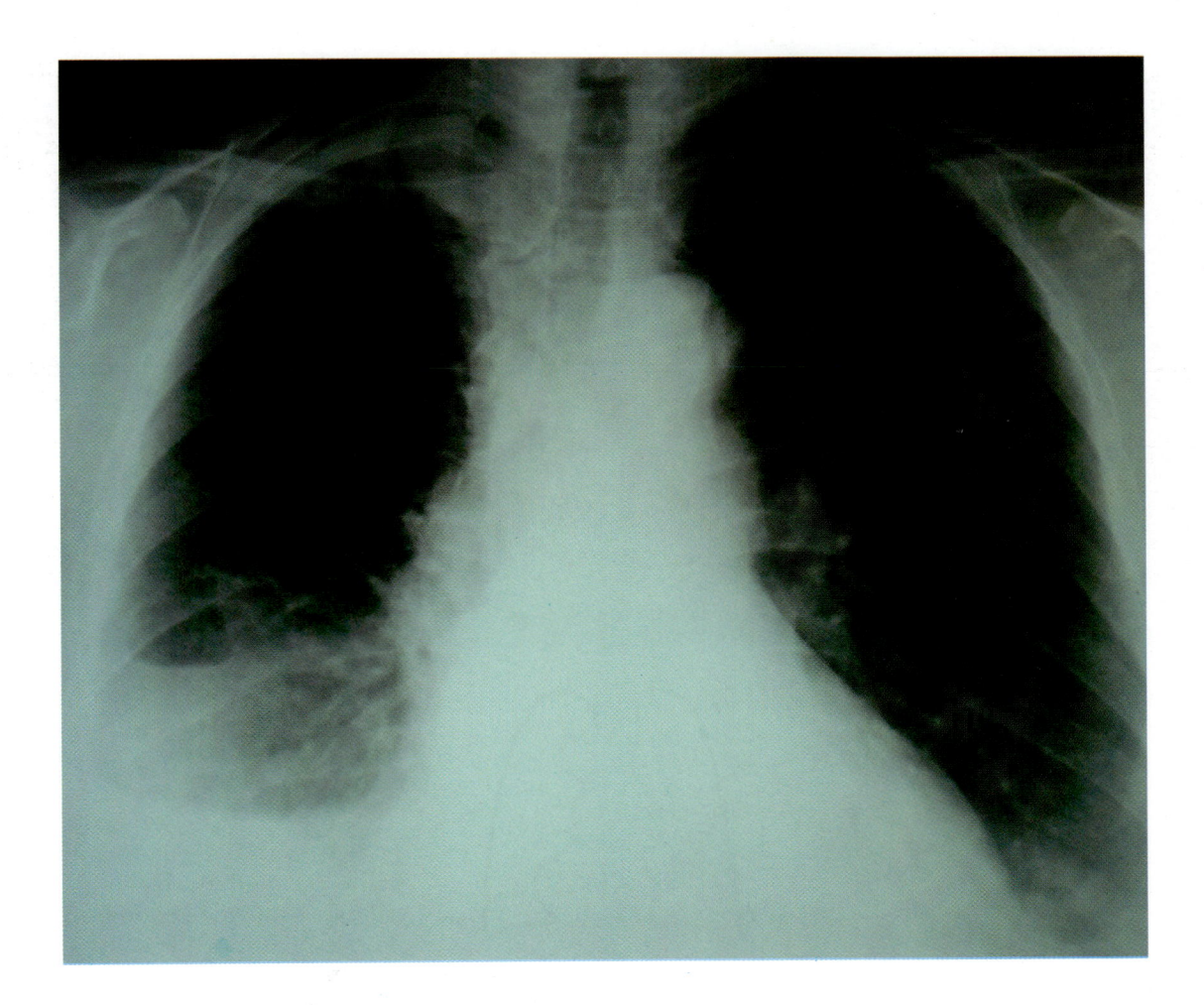

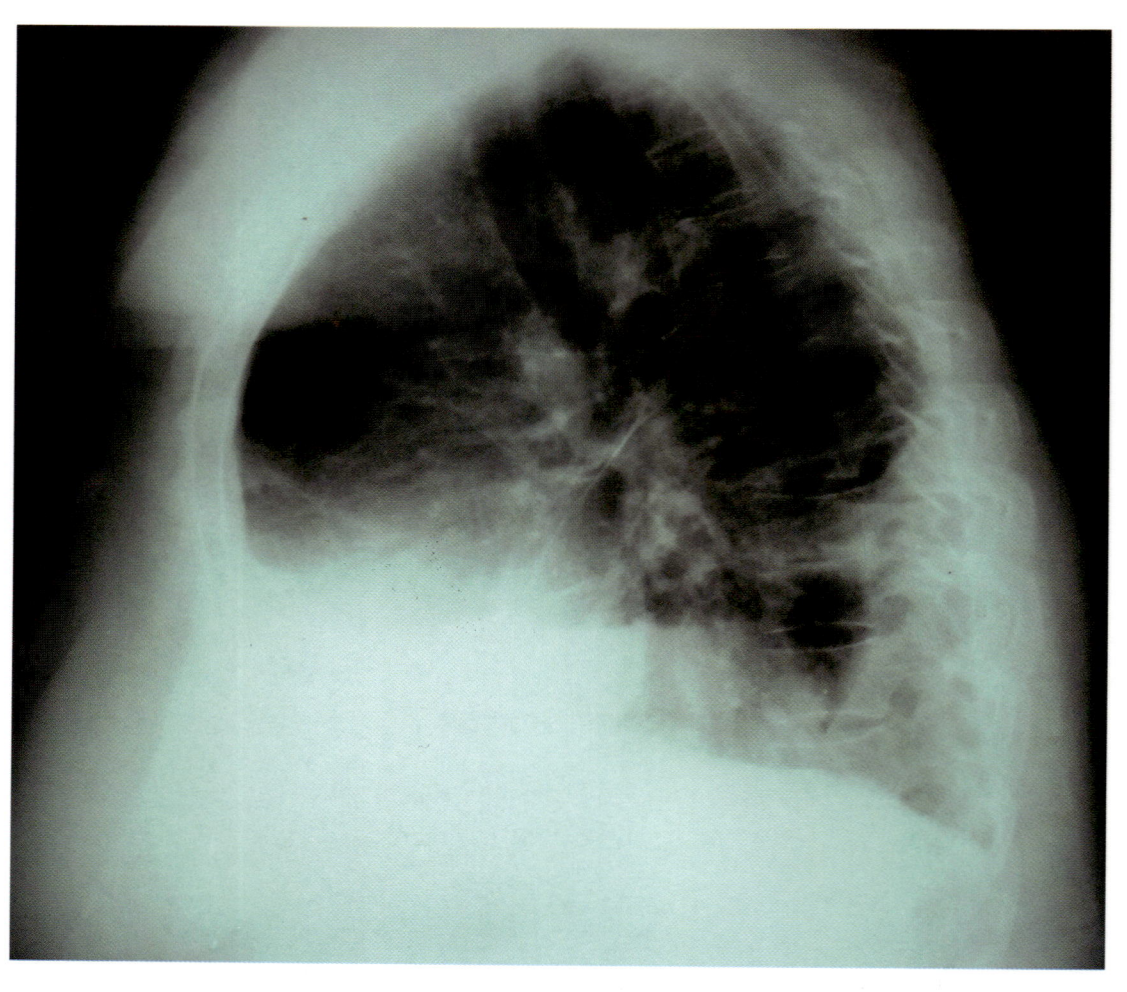

LAUDO

Aumento do ventrículo esquerdo. Ectasia aórtica.

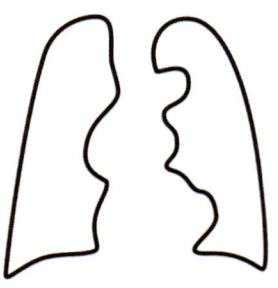

DESCRIÇÃO

O radiograma de tórax apresenta aumento do cajado da aorta e aumento do ventrículo esquerdo que é observado como um arredondamento da silhueta esquerda próxima ao ápice cardíaco.

ECOCARDIOGRAMA

A ecocardiografia avalia a hipertrofia de VE e, se realizada com Doppler, pode-se avaliar a gravidade da estenose, estimando-se o gradiente valvar por meio da aceleração do fluxo sanguíneo de saída do VE pela valva estenótica. Nos casos que apresentam velocidade de fluxo menor ou igual a 3,0 ml/s, os sintomas serão percebidos geralmente após cinco anos de evolução da doença. Por outro lado, nos pacientes com fluxo superior a 4,0 ml/s, os sintomas tendem a se desenvolver em até dois anos. Sendo assim, a orientação é para que seja realizado ecocardiograma anualmente em pacientes assintomáticos com estenose aórtica severa, mas recomendam intervalos de um a dois anos para pacientes assintomáticos com estenose aórtica moderada e três a cinco anos para aqueles com estenose aórtica leve. Para os doentes com estenose aórtica grave e baixo débito cardíaco, o ecocardiograma de estresse com *dobutamina* pode ser uma ferramenta de avaliação.

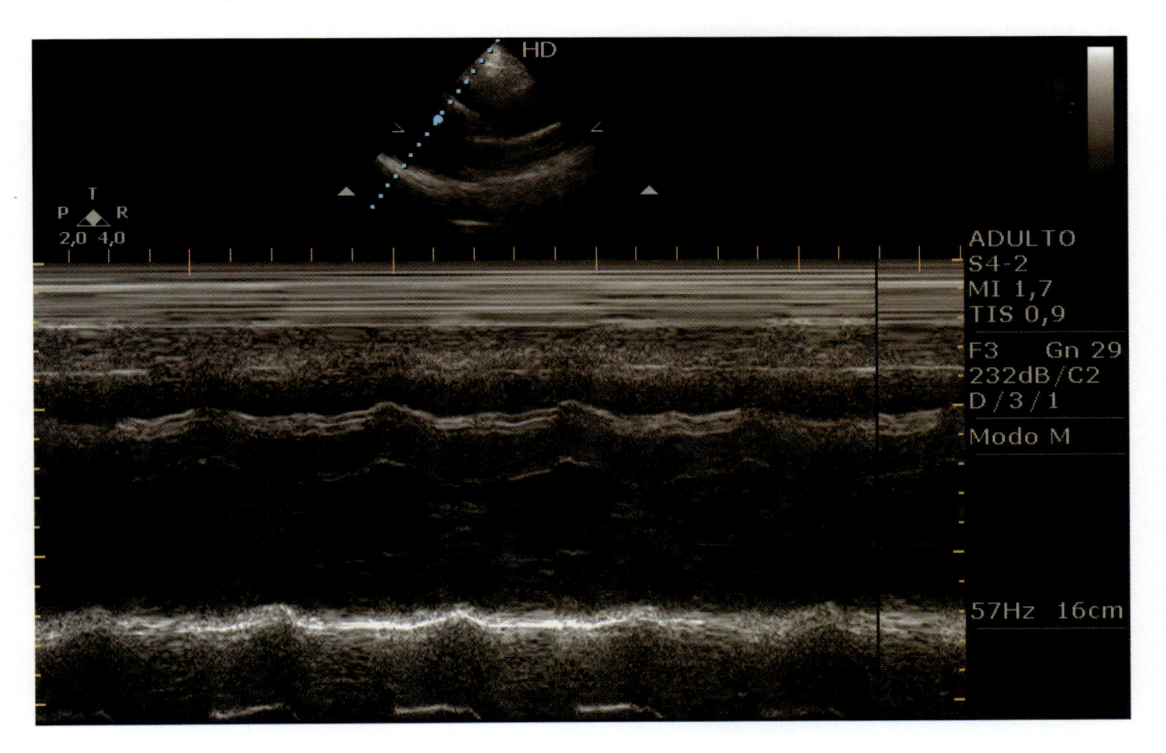

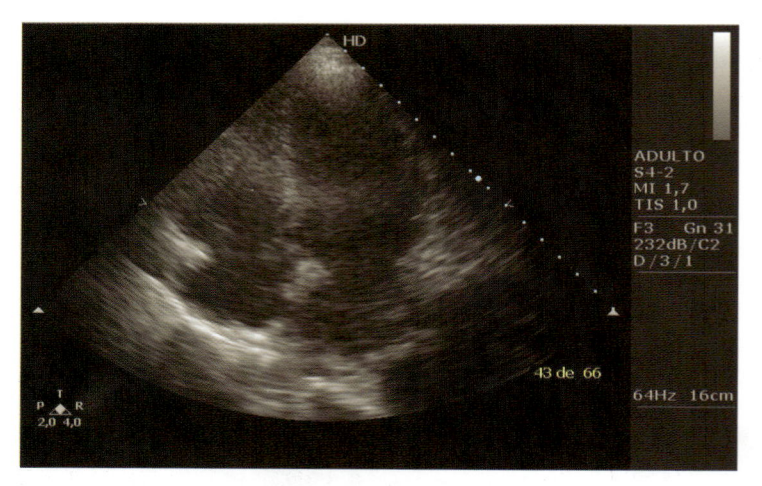

LAUDO

Estenose valvar aórtica severa. Hipertrofia ventricular esquerda. Disfunção diastólica tipo relaxamento alterado.

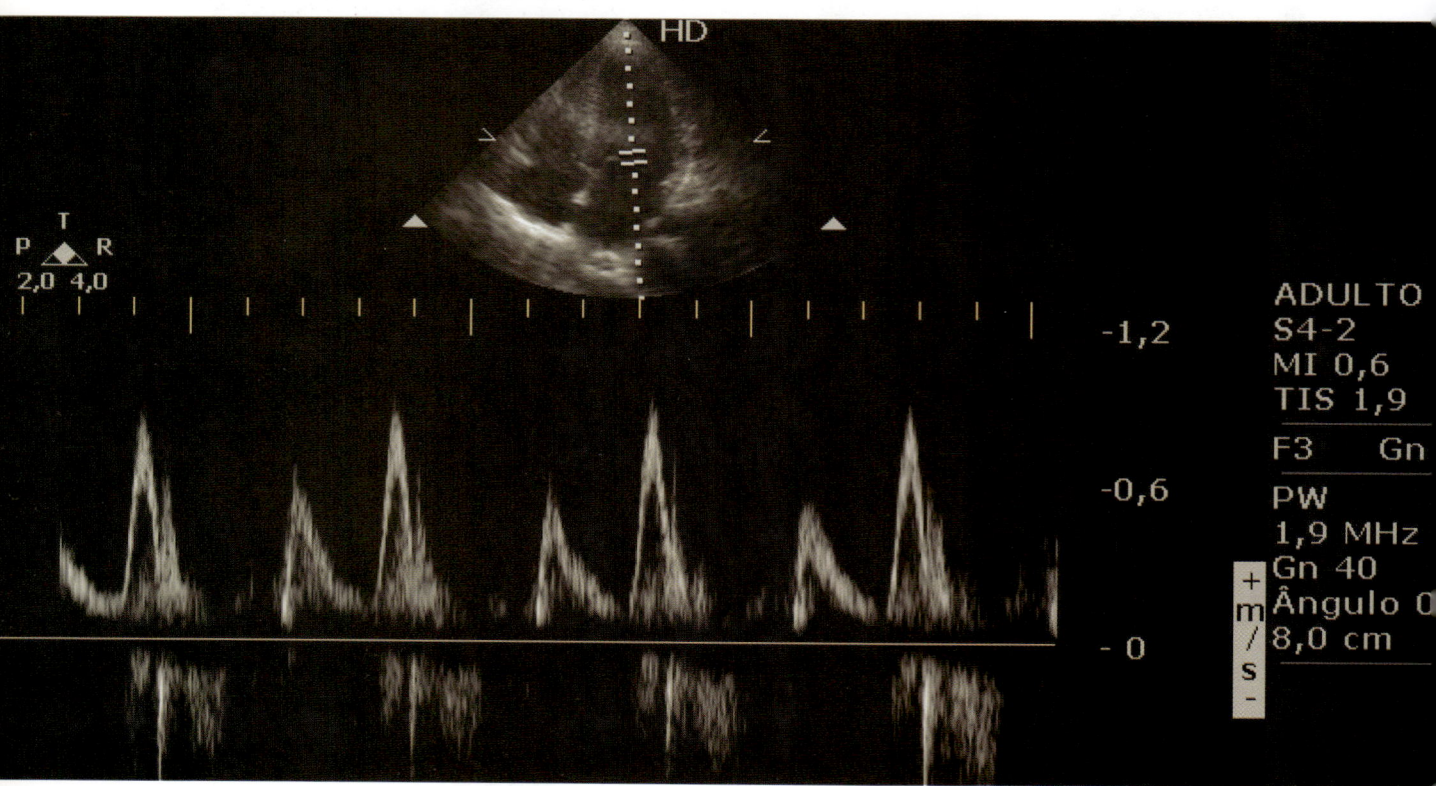

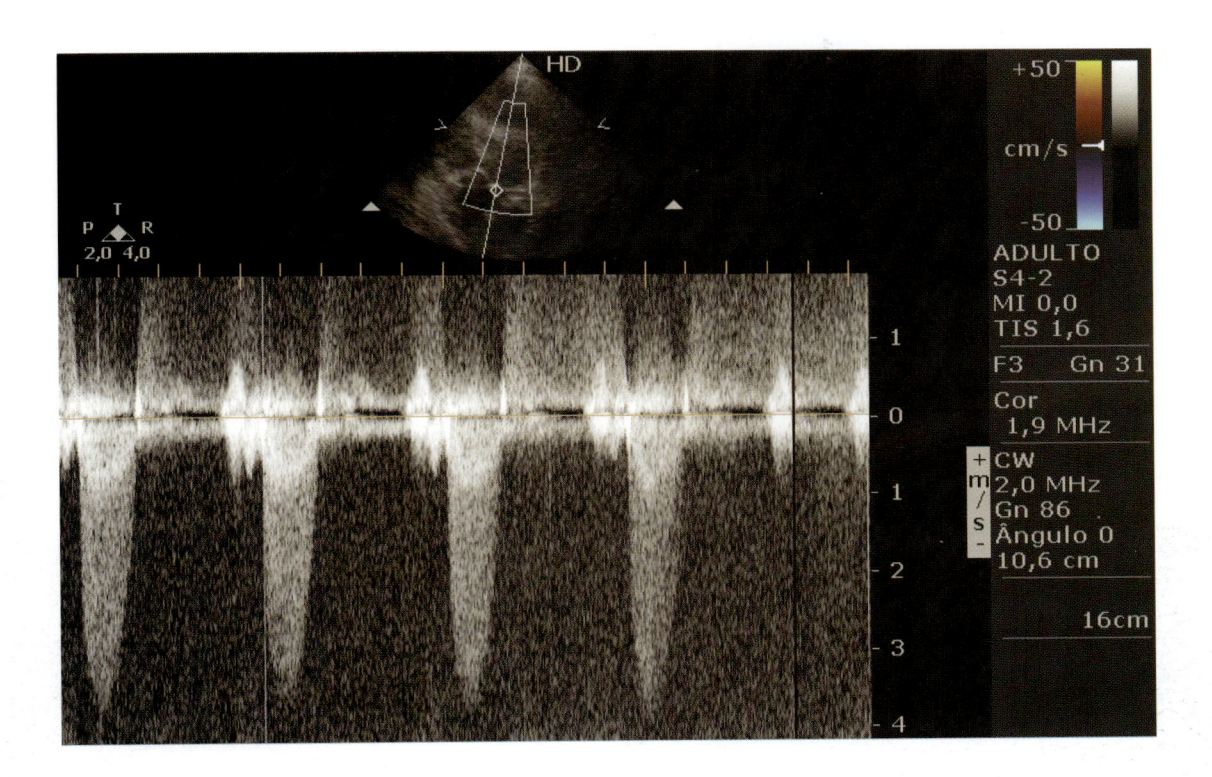

DESCRIÇÃO

O eco bidimensional das quatro câmaras cardíacas apresenta uma cavidade ventricular reduzida, com paredes e septo ventriculares apresentando aumento da espessura.

O modo M dos ventrículos apresenta um aumento da espessura do septo interventricular e da parede livre do ventrículo esquerdo.

O aplicativo ecocardiográfico do Doppler contínuo, através da valva aórtica estenótica, apresenta velocidades elevadas, evidenciando a situação estenótica desta e permitindo quantificar o grau de estenose, a partir de cálculos utilizando a velocidade máxima alcançada pelas hemácias.

O Doppler pulsátil, posicionado na frente dos folhetos da valva mitral, permite avaliar as propriedade da função diastólica. Note que a onda A está mais elevada que a onda E, caracterizando uma disfunção diastólica tipo relaxamento alterado do ventrículo esquerdo.

TESTE ERGOMÉTRICO

Este exame é contraindicado em pacientes sintomáticos. No entanto, nos casos assintomáticos, este exame pode ser realizado de forma segura e pode revelar sintomas latentes ou uma instabilidade hemodinâmica desconhecida pelo paciente em sua rotina de atividades. Está indicado que um médico experiente supervisione o teste de exercício nos pacientes com estenose aórtica e acompanhe de perto a pressão arterial e o ECG.

CATETERISMO CARDÍACO

Além de ser utilizado em pacientes com possível doença arterial coronariana (DAC), ele pode ser realizado para avaliar a gravidade da estenose hemodinâmica em pacientes sintomáticos quando outros dados não são conclusivos. Os achados mais característicos neste exame são apresentados pelo gradiente pressórico valvar transitório e pelo débito cardíaco, utilizados para calcular a área valvar aórtica. Este procedimento não deve ser realizado a fim de confirmar as informações disponíveis a partir de testes não invasivos ou para avaliar a função ventricular e a gravidade da estenose aórtica em pacientes assintomáticos.

TRATAMENTO

O tratamento clínico consiste no uso de antibioticoterapia profilática para endocardite. Nos casos sintomáticos é indicada a cirurgia e a correção dos sintomas, até o momento do procedimento, com diuréticos em caso de insuficiência cardíaca e com nitratos para dor anginosa.

Tratamento cirúrgico é a alternativa mais eficaz para tratar a doença, podendo ser indicada quando o exame ecocardiográfico mostrar estenose aórtica e o paciente apresentar um ou mais sintomas da patologia. Exceto nos casos em que a fração de ejeção do VE é muito baixa, acompanhada de um pequeno gradiente valvar aórtico, não resultando na recuperação do fluxo adequado após o procedimento cirúrgico.

Nos casos de impossibilidade cirúrgica, ou do procedimento malsucedido, podem ser usados diuréticos e digitálicos.

REFERÊNCIAS

CECIL, R. La Fayette; AUSIELLO, Dennis; GOLDMAN, Lee. *Cecil: tratado de medicina interna*. Rio de Janeiro: Elsevier, 2005. v. 1.

GAASCH, William H; SCHICK, Edgar C. *Aortic valve area in aortic stenosis*. Jan. 2009. Disponível em: <HTTP://www.uptodate.com>. Acesso em jun. 2009.

GUYTON, Arthur C.; HALL, John E. *Tratado de fisiologia médica*. 11ª ed. Elsevier, 2006.

LIBBY Peter *et al. Braunwald's heart disease: a textbook of cardiovascular medicine*. 8ª ed. Elsevier, 2007.

CAPÍTULO 8

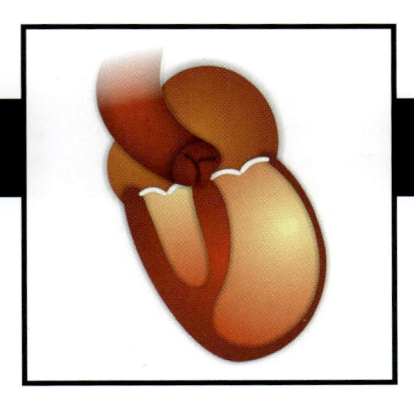

INSUFICIÊNCIA VALVAR AÓRTICA
EDUARDO MAFFINI DA ROSA
CAMILA VIECCELI
MARIANA GABRIELA MANDELLI

O fluxo regurgitante pela valva aórtica, quando em grande volume, ocasiona uma sobrecarga de volume no ventrículo esquerdo que, anatomicamente, se traduz por aumento da cavidade ventricular esquerda, sem aumento da espessura das paredes. A geometria do ventrículo esquerdo tende ao formato arredondado. Quando a etiologia da insuficiência aórtica for uma dilatação da raiz da artéria aorta, esta terá seus diâmetros transversais aumentados

INSUFICIÊNCIA VALVAR AÓRTICA

Eduardo Maffini da Rosa
Camila Viecceli
Mariana Gabriela Mandelli

EPIDEMIOLOGIA

A prevalência nos EUA varia de 5 a 10% e aumenta proporcionalmente com a idade. A causa mais comum da regurgitação aórtica isolada é a dilatação da raiz da aorta. Na situação aguda a causa mais comum é a endocardite infecciosa.

DEFINIÇÃO

A insuficiência da valva aórtica é o fluxo retrógrado, para o VE, da aorta durante a sístole ventricular devido à incompetência do mecanismo de fechamento valvar, sendo também chamada de regurgitação aórtica.

ETIOLOGIA

As causas da regurgitação aórtica podem ser divididas em dois grupos: valvar e da raiz da aorta.

• No grupo de acometimento valvar encontram-se a ausência congênita de um dos folhetos tornando a valva bicúspide, endocardite, febre reumática, prolapso mixomatoso e trauma.
• Entre as situações que acometem a raiz da valva estão a dissecção aórtica; patologias que causam degeneração cística da camada média, por exemplo, a síndrome de Marfan, valva bicúspide e aneurisma familial não-sindrômico; aortite; hipertensão; dilatação idiopática da aorta; ectasia ânulo-aórtica e osteogênese imperfeita.
• Sífilis e espondilite anquilosante levam à doença da raiz da aorta e podem acometer também as valvas.

Dois terços dos pacientes que têm acometimento primário das valvas são devido à doença reumática, geralmente associada à doença mitral. O prolapso de um folheto da valva aórtica acontece em 15% dos pacientes com defeito de septo ventricular e também pode ter como causa a degeneração mixomatosa. Nessa situação pode estar associado com envolvimento mitral e/ou tricúspide.

A endocardite pode se desenvolver numa valva normal bem como afetada pela doença reumática ou com anormalidades congênitas.

Quando há associação com estenose aórtica a causa é quase exclusivamente reumática ou congênita.

FISIOPATOGENIA

A resposta ventricular na regurgitação aórtica aguda se dá através de taquicardia, para reduzir o tempo de diástole e do mecanismo de Frank-Starling. Esse mecanismo é um aumento da força de contração do músculo cardíaco devido à distensão por volume de sangue adicional que chegou ao ventrículo, fazendo com que haja bombeamento automático.

Na fase crônica compensada há dilatação e hipertrofia excêntrica do miocárdio. A pré-carga permanece normal, assim como a contratilidade do ventrículo esquerdo, fração de ejeção e condições de enchimento.

A transição para a fase crônica descompensada acontece por um aumento do volume regurgitante ou uma deterioração da função ventricular. A última pode ser causada pelo aumento da pressão diastólica e consequentemente da pressão sistólica e essa situação passa a deteriorar a função ventricular. Assim, aumenta ainda mais o volume diastólico final e diminui o volume ejetado efetivo (o volume que não regurgita) e a fração de ejeção. Com isso surgem os sintomas. O VE toma uma forma mais esférica. Com a dilatação, hipertrofia ventricular e aumento da tensão sistólica há aumento da demanda de oxigênio do miocárdio. Essa demanda não é suprida porque a pressão diastólica está baixa devido à regurgitação, diminuindo o fluxo coronário. Assim, isquemia miocárdica pode ocorrer mesmo na ausência de DAC.

SINTOMATOLOGIA

Na regurgitação aórtica aguda não há tempo para ocorrer dilatação suficiente do VE e manutenção do volume de ejeção, aumentando a pressão diastólica ventricular e retrógrada, podendo causar edema pulmonar e choque cardiogênico. Na condição crônica ocorre palpitação, especialmente ao se deitar ou com taquicardia devido a estresse emocional ou esforço físico. Outros sintomas são sensação de peso na cabeça e dispneia aos esforços. A dispneia progride para ortopneia e dispneia paroxística noturna, com diaforese excessiva. Pode ocorrer angina, hepatomegalia e edema dos tornozelos.

EXAME FÍSICO

Podem ser encontrados:

- Movimentos rítmicos da cabeça e corpo acompanhando cada sístole;
- Fácil visibilidade de distensão e colapso das grandes artérias;
- Pulso de Corrigan: o pulso arterial sobe rapidamente, em "martelo d'agua", e colaba abruptamente;
- Pulsações capilares;
- Pulso de Quincke: se pressionada a ponta das unhas há alternância entre palidez e rubor da raiz;
- Sinal de Traube: som em tiro de pistola ouvido nas artérias femorais;
- Sinal de Duroziez: se pressionadas as artérias femorais com um estetoscópio, um murmúrio de vaivém é audível;
- Pressão de pulso aumentada: pode estar quase normal nos casos graves agudos;
- Taquicardia na tentativa de preservar o débito cardíaco;
- *Ictus cordis* deslocado lateralmente e inferiormente;
- Frêmito diastólico palpável na borda esquerda do esterno e sistólico na fúrcula e carótidas;

- Pulso carotídeo bífido;
- Som de fechamento da valva aórtica ausente;
- Terceira e/ou quarta bulhas presentes;
- Sopro diastólico em decrescendo, aspirativo, de alta frequência, portanto melhor ouvido com o diafragma do estetoscópio no terceiro espaço intercostal ao longo da borda esquerda do esterno, podendo ser breve ou holodiastólico;
- Sopro de ejeção mesossistólico melhor ouvido na base do coração transmitido ao longo dos vasos carotídeos;
- Murmúrio de Austin Flint: mesodiastólico, de baixa frequência devido ao deslocamento do folheto anterior da valva mitral pelo fluxo regurgitante.

ELETROCARDIOGRAMA

Manifestam-se sinais de hipertrofia ventricular esquerda:

- Onda S em V1 + ondas R em V5 e V6 > 35 mm;
- Padrão de força do VE: anormalidades da repolarização, que são depressão do segmento ST com inversão das ondas T nas derivações I, aVL, V5 e V6;
- Pode haver aumento na voltagem em derivações periféricas sem aumento nas precordiais. O critério é: onda R em aVL + onda S em V3 > 20 mm em mulheres e 28 mm em homens.

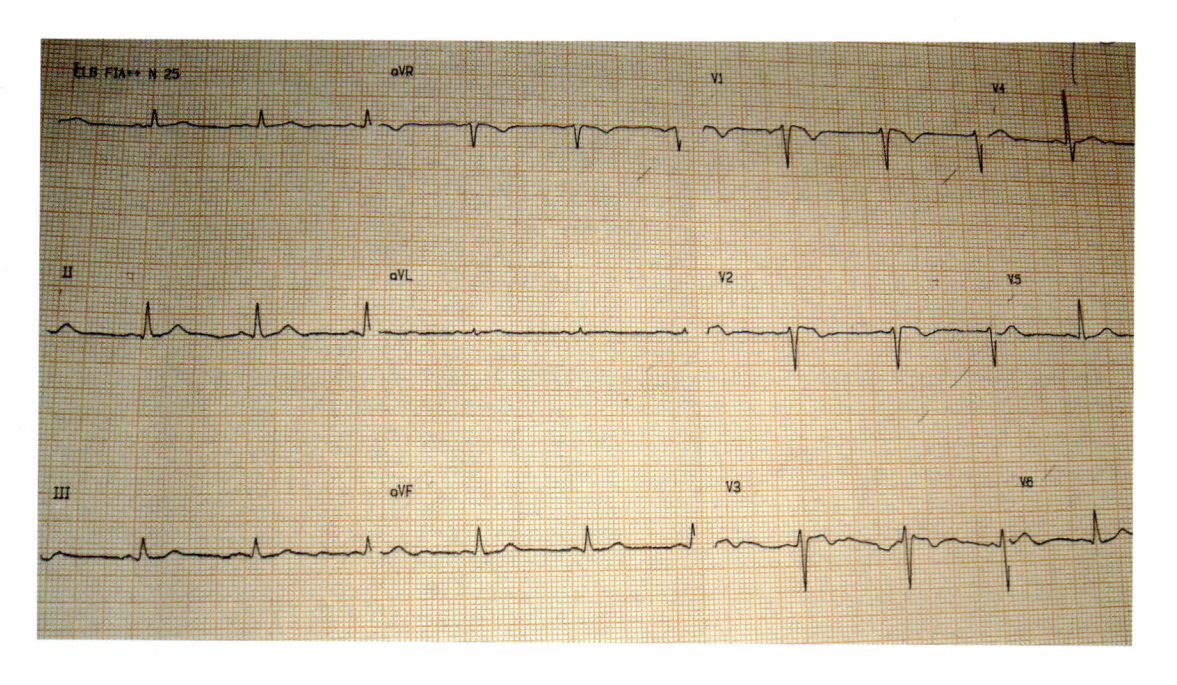

LAUDO

Ritmo sinusal, FC: 75 bpm, inversão de onda T em V1 e V3.

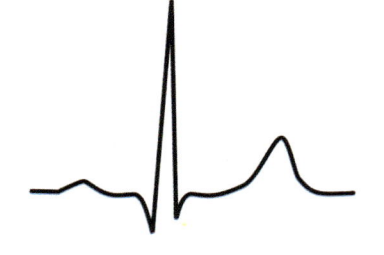

DESCRIÇÃO

Os sinais de sobrecarga volumétrica do ventrículo esquerdo se apresentam pelo aumento da voltagem do QRS, nas derivações laterais esquerdas, onda T apiculada e onda Q.

RADIOGRAFIA DE TÓRAX

Na forma crônica da insuficiência aórtica o aumento do coração é um achado comum, sendo evidenciado pelos seguintes achados:

• Deslocamento do ápice para baixo e para a esquerda na projeção frontal;
• VE deslocado posteriormente e encostado na coluna;

• Aneurisma de aorta, se a regurgitação tiver essa causa, podendo a aorta ocupar todo o espaço retroesternal em projeção lateral;
• Calcificações lineares da aorta são observadas na aortite sifilítica e doenças degenerativas;
• Dilatação da aorta;
• Calcificações da valva aórtica, principalmente quando há es-

tenose aórtica associada. Sem essa associação é um achado incomum;
• Aumento do átrio esquerdo, sem insuficiência cardíaca, sugere doença da valva mitral.

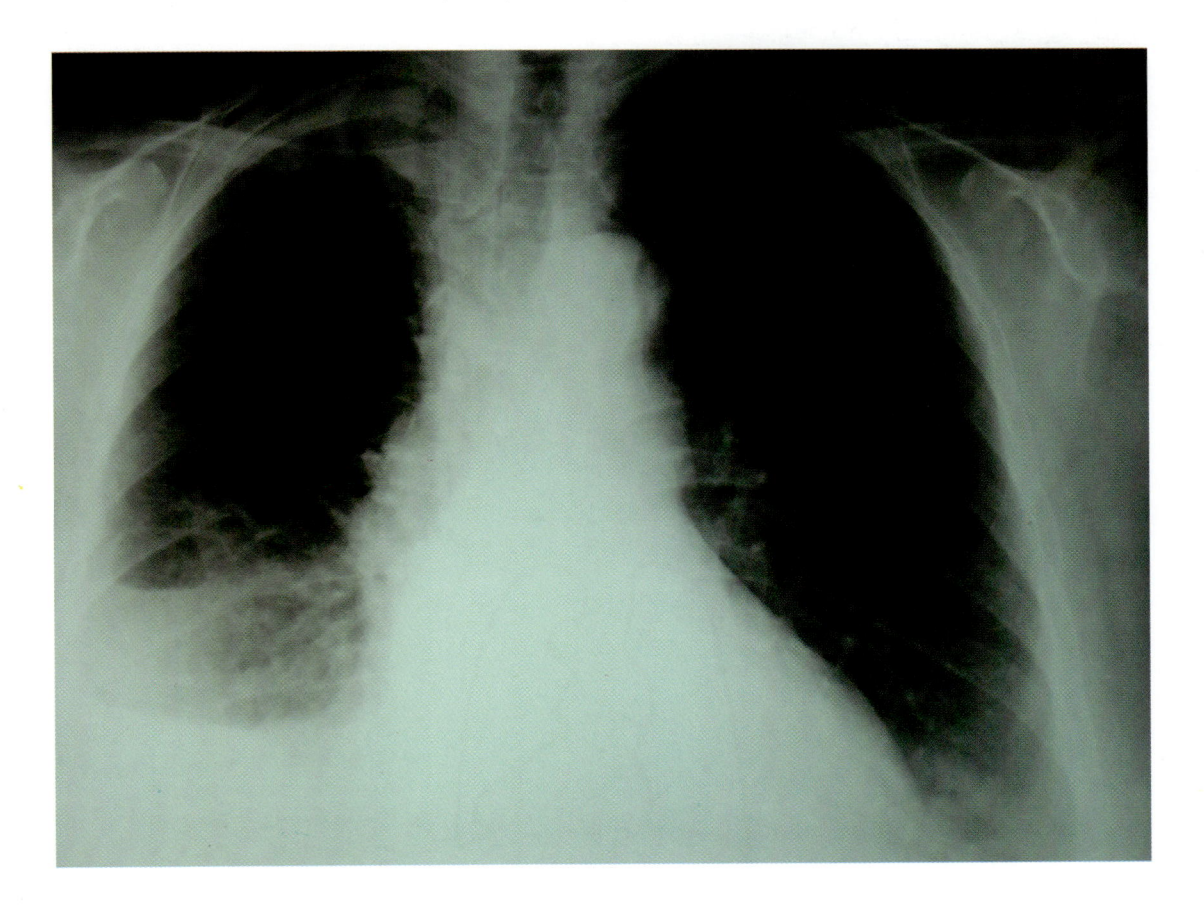

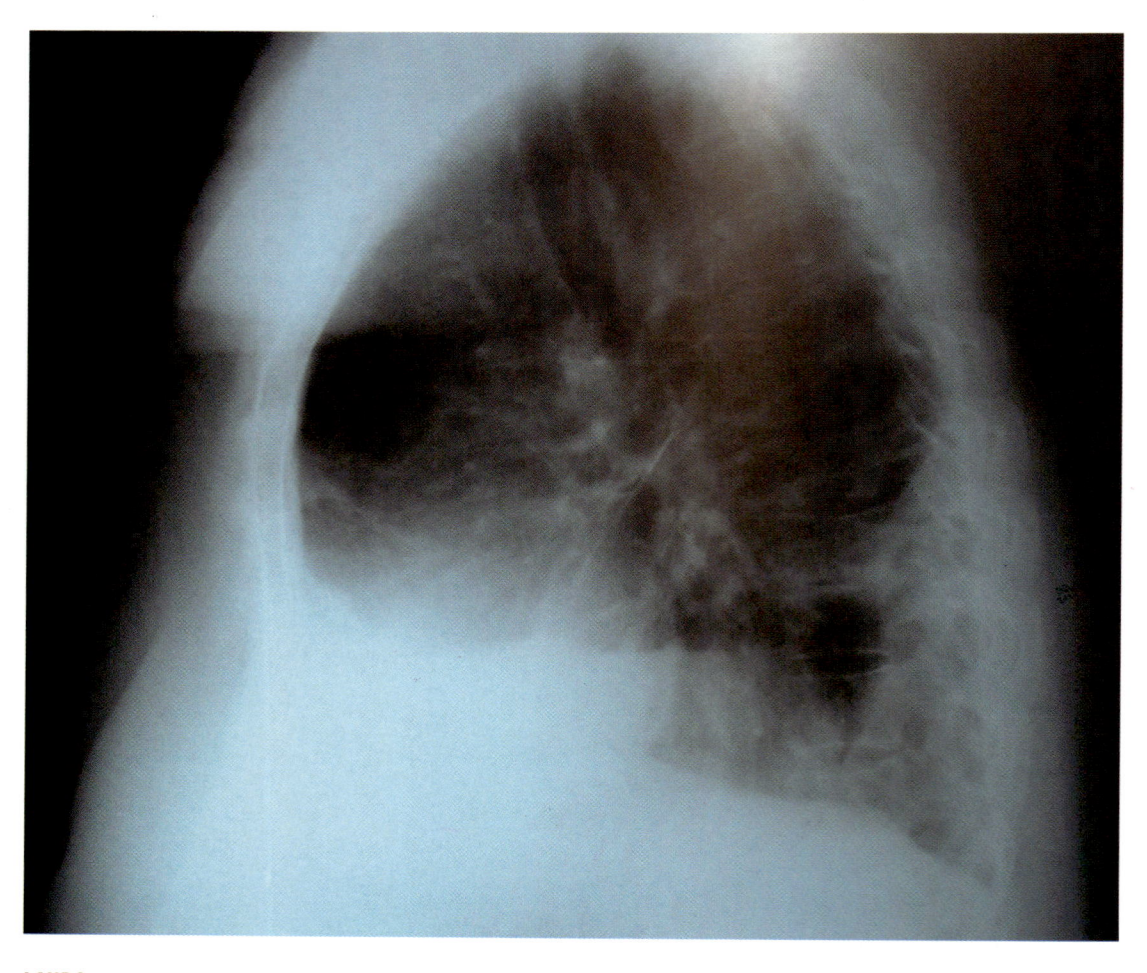

LAUDO

Aumento do ventrículo esquerdo.

DESCRIÇÃO

O aumento do ventrículo esquerdo na radiografia de tórax apresenta-se como um aumento da silhueta cardíaca esquerda. Quando a dilatação da aorta for a causa da insuficiência aórtica, haverá um alargamento do mediastino.

ECOCARDIOGRAMA

Está indicado para confirmação do diagnóstico quando após o exame físico há dúvida diagnóstica. Pode determinar a causa da regurgitação mitral e a morfologia da valva. A resposta ventricular à sobrecarga de volume pode ser avaliada através da dimensão, massa e função sistólica do VE. O tamanho da raiz da aorta também pode ser avaliado. A realização de ecocardiograma está indicada também para reavaliação do tamanho e função ventricular em pacientes assintomáticos com regurgitação aórtica severa e também de pacientes com essa condição em graus leve, moderado ou severo que apresentem nova sintomatologia. Todas as recomendações citadas acima apresentam nível de evidência B.

Achados:

• Extensão e velocidade do movimento da parede estão normais ou aumentados, até que a contratilidade do miocárdio diminua;

• O jato regurgitante causa flutuamento do folheto anterior da valva mitral;
• Possível dilatação do anel aórtico e raiz aórtica, ou dissecção aórtica;
• Possível espessamento e falência da coaptação dos folhetos, valva bicúspide, anormalidades congênitas, prolapso valvar, movimentos anômalos dos folhetos e vegetações;
• Doppler: volume regurgitante > 60ml/batimento, fração de regurgitação > 50% e fluxo reverso diastólico na aorta descendente proximal em casos severos.

Os métodos para avaliação incluem:

• Área do jato aórtico regurgitante e largura do jato regurgitante relacionado à dimensão do fluxo do trato de saída do VE;
• Diferença de pressão entre a aorta e o VE;
• Fluxo retrógrado holodiastólico na aorta descendente e abdominal em casos severos;
• Nos casos agudos as pressões de enchimento diastólico do VE aumentam rapidamente, o que resulta num padrão restritivo da valva mitral;
• O volume e a área do orifício regurgitante podem ser quantificados pelo método PISA (*proximal isovelocity surface area*) ou pelo método volumétrico. O primeiro se utiliza de cálculos com a velocidade do sangue regurgitante. O método volumétrico é o volume de influxo mitral menos o volume do fluxo de saída do VE, o que resulta no volume regurgitante;
• *Vena contracta*: é o menor istmo da região de fluxo colorido ao nível da valva aórtica, imediatamente abaixo da região de convergência do fluxo.

O ecocardiograma Doppler e o Doppler colorido são as técnicas precisas na avaliação da regurgitação aórtica e dão os dados necessários para a quantificação e a classificação da severidade.

Quadro 1. Avaliação quantitativa da severidade da regurgitação aórtica

Avaliação quantitativa da severidade da regurgitação aórtica	Leve	Moderada	Severa
Volume regurgitante (ml/batimento)	< 30	30 – 59	> 60
Fração regurgitante (%)	< 30	30 – 49	> 50
Área do orifício regurgitante (cm²)	< 0,10	0,10 – 0,29	> 0,30

Esses critérios também podem ser avaliados por cateterismo. Qualitativamente a severidade da regurgitação aórtica pode ser avaliada por angiografia e pelo Doppler.

Quadro 2. Avaliação qualitativa da severidade da regurgitação aórtica

Avaliação qualitativa da severidade da regurgitação aórtica	Leve	Moderada	Severa
Nota angiográfica	1+	2+	3 – 4+
Largura do jato no Doppler colorido	Jato central com < 25% do fluxo de saída do VE	> leve sem sinais de regurgitação severa	Jato central com > 65% do fluxo de saída do VE
Largura da *vena contracta* no Doppler (cm)	< 0,3	0,3 – 0,6	> 0,6

Outro critério para classificar a regurgitação aórtica é a largura do VE, o qual está aumentado somente em casos severos.

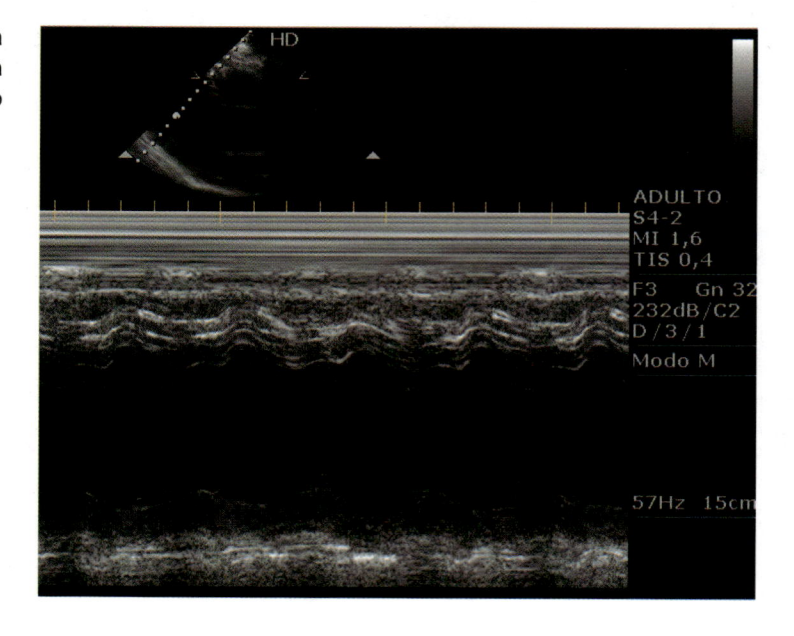

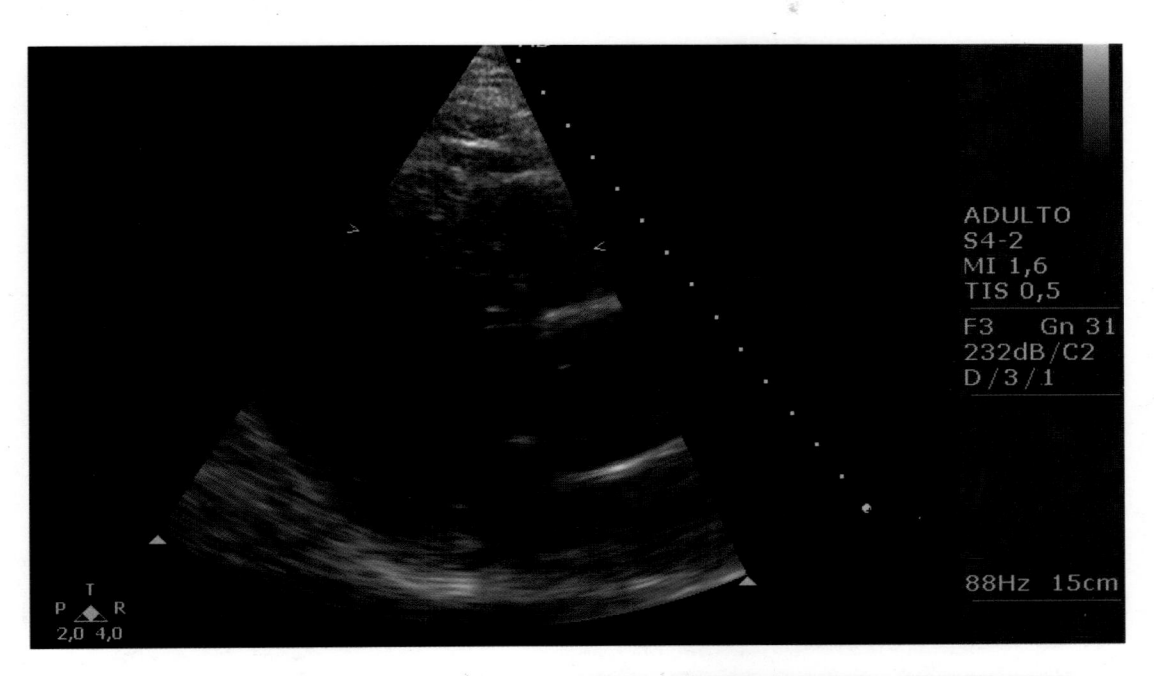

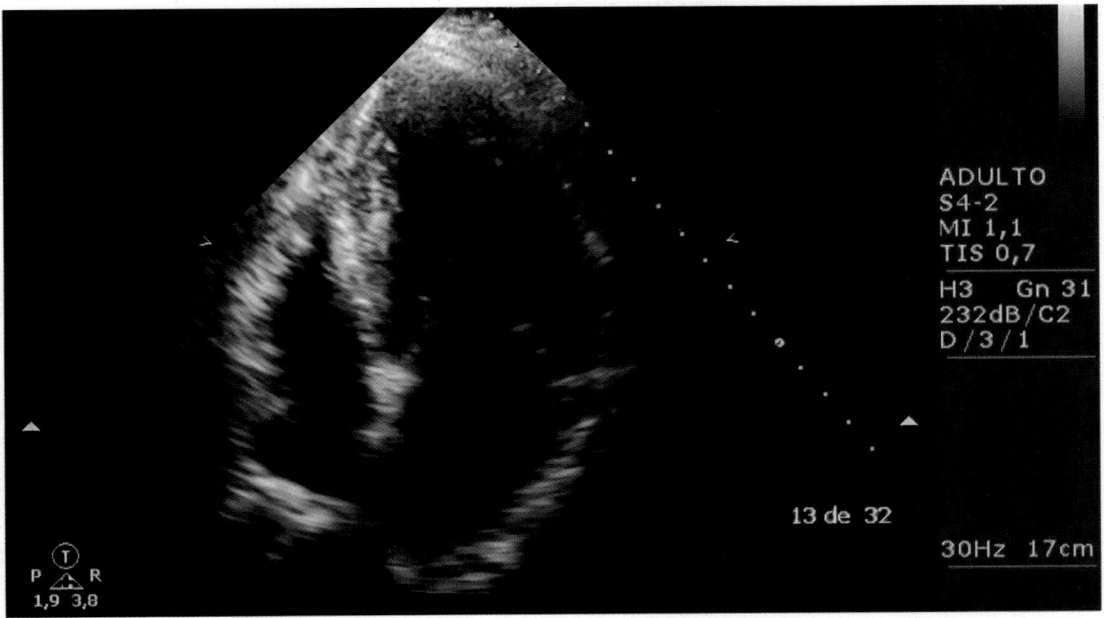

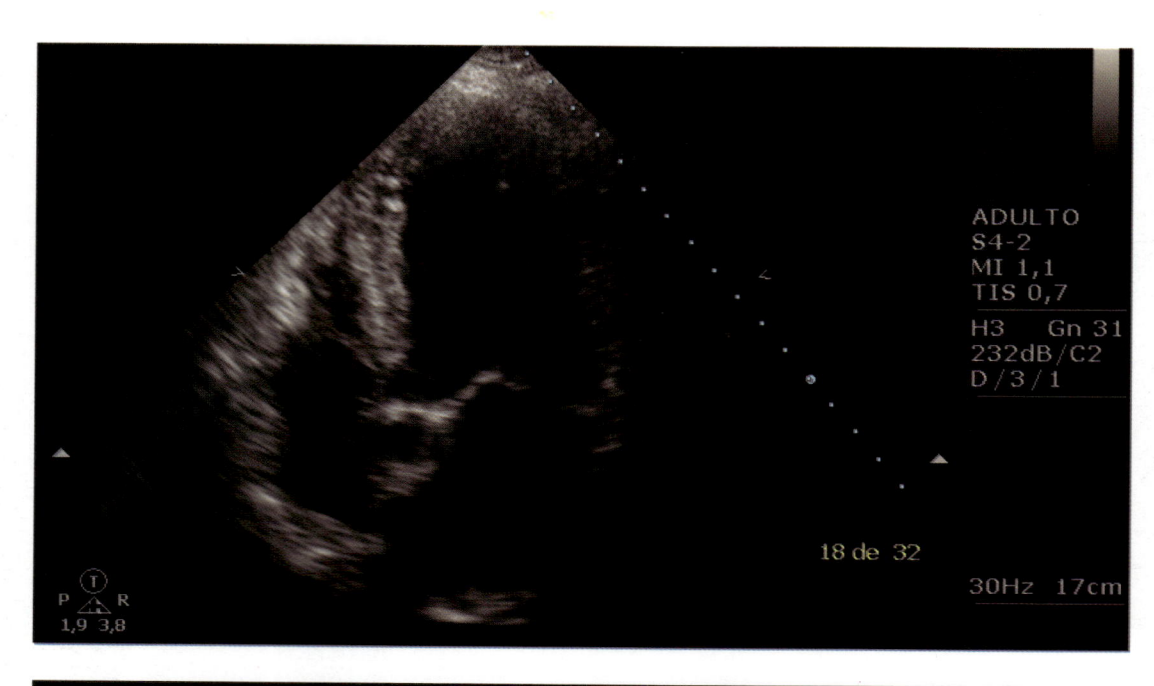

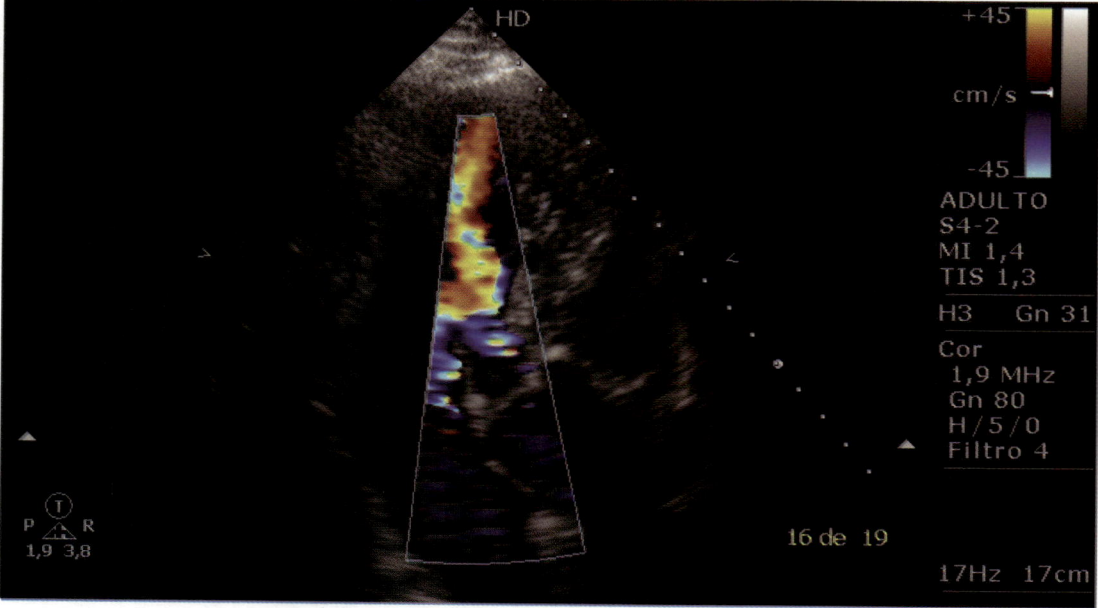

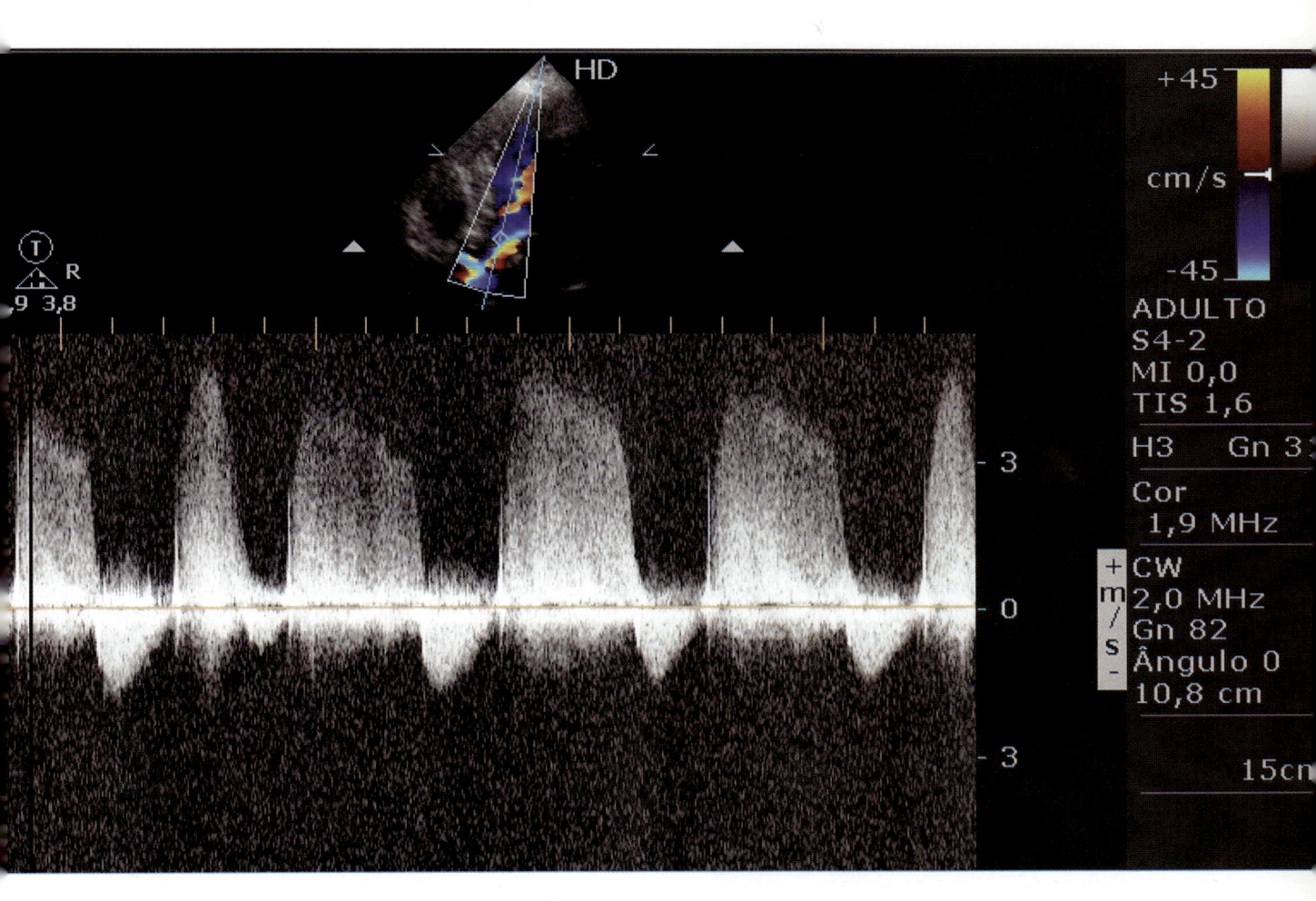

LAUDO

Aumento do ventrículo esquerdo. Ectasia aórtica. Calcificação do anel mitral. Insuficiência aórtica severa.

DESCRIÇÃO

O aumento ventricular é observado, no modo M, pela distância entre as paredes ventriculares, e, no modo bidimensional de três e quatro câmaras, por uma grande cavidade ventricular.

Ao Doppler contínuo se observa uma curva de fluxo regurgitante diastólica. A intensidade do sinal e a inclinação da rampa superior são sinais importantes na graduação da severidade da lesão.

Ao Doppler color se observa o fluxo regurgitante diastólico enchendo a cavidade ventricular esquerda.

CATETERISMO CARDÍACO E ANGIOGRAFIA

Pode comprovar a magnitude da regurgitação e o estado da função ventricular. O contraste é injetado rapidamente na raiz da aorta e deve ser feita filmagem nas projeções oblíquas anteriores direita e esquerda. Na regurgitação aórtica aguda há um pequeno aumento no volume diastólico final do VE, com o passar do tempo há um aumento da espessura da parede do VE.

IMAGEM RADIONUCLÍDEA

É útil quando as imagens ecocardiográficas não são ótimas, há discrepância entre a clínica e os resultados ecocardiográficos ou necessidade de medida mais precisa da fração de ejeção do VE. Determina a fração regurgitante e a taxa de débito sistólico do VE/VD. Por meio desses parâmetros avalia a severidade da regurgitação aórtica de uma maneira não-invasiva. Quando a taxa de débito sistólico dos ventrículos é maior ou igual a dois, geralmente há doença severa. A função ventricular durante exercício também pode ser avaliada, bem como a detecção precoce de deterioração do VE.

RESSONÂNCIA MAGNÉTICA

Provê medidas acuradas do volume e orifício regurgitante, sendo a melhor técnica para avaliar o volume diastólico final do VE, o volume diastólico e a massa ventricular. A base para essas medidas é o volume do fluxo retrógrado e anterógrado na aorta ascendente.

TRATAMENTO

FORMA AGUDA

Diuréticos e vasodilatadores endovenosos, como nitroprussiato de sódio, para estabilizar até a realização da cirurgia corretiva em caráter de urgência. Contrapulsação com balão intra-aórtico é contraindicado. Betabloqueadores podem diminuir ainda mais o débito cardíaco ou diminuir a frequência cardíaca, o que aumenta o tempo da diástole e permite maior refluxo.

FORMA CRÔNICA

Em pacientes assintomáticos não há indicação de tratamento, mas é necessário acompanhamento clínico e ecocardiográfico. A hipertensão arterial diastólica deve ser tratada porque aumenta o fluxo regurgitante, tendo preferência os vasodilatadores como nifedipina ou inibidores da ECA. Conforme dito anteriormente, os betabloqueadores devem ser usados com precaução porque podem diminuir a frequência cardíaca.

Para controle inicial dos sintomas se usa diuréticos e vasodilatadores, nesse caso inibidores da ECA, bloqueadores dos canais de cálcio (BCC) di-hidropiridínicos ou hidralazina. Entretanto há incerteza quanto ao uso de nifedipina ou enalapril em pacientes com evidência de sobrecarga de volume significativa, isto é, aumento da dimensão ou volume diastólico final, devido à falta de evidências. A hidralazina é um vasodilatador de ação direta, causando relaxamento do músculo liso das arteríolas. Sua ação se deve secundariamente a uma queda nos níveis de cálcio intracelular. Os antagonistas dos canais de cálcio inibem a contração do músculo liso antagonizando os canais de cálcio voltagem-dependente. Eles agem no leito arterial e têm pouco efeito venoso, não alterando muito a pré-carga cardíaca. A classe dos di-hidropiridínicos inclui: nifedipina, amlodipina, felodipina, isradipina, nicardipina, nisoldipina e nimodipina. Esses são os vasodilatadores mais potentes entre os BCC. Os inibidores da ECA inibem a conversão de angiotensina I em angiotensina II ativa. A angiotensina II tem três principais efeitos: na resistência periférica, na função renal e na estrutura cardiovascular. Na resistência periférica age por vasoconstrição direta, aumento da transmissão noradrenérgica, aumento do tônus simpático e liberação de catecolaminas da medula adrenal, resultando numa resposta hipertensora rápida.

É importante o controle da pressão sistólica, tendo como meta menos de 140 mmHg, sendo os vasodilatadores uma boa escolha como terapia anti-hipertensiva. Tratar efetivamente arritmias cardíacas e infecções sistêmicas, pois são mal toleradas. Se houver angina pode-se tentar nitroglicerina e nitratos de longa ação. Se houver aortite sifilítica tratar com penicilina. Na síndrome de Marfan o uso de betabloqueadores pode retardar a dilatação aórtica. Evitar exercícios isométricos. O tratamento cirúrgico é indicado depois do início de disfunção do VE, mas antes do desenvolvimento de sintomas. Para tanto se deve fazer *follow-up* com exame clínico e ecocardiografia a cada seis meses. Se houver sintomas sem disfunção ventricular a cirurgia também é indicada. Os critérios para disfunção ventricular esquerda são:

• Fração de ejeção menor que 50%;
• Dimensão sistólica final do VE > 55 mm ou volume sistólico final > 55 ml/m^2;
• Dimensão diastólica ventricular esquerda > 75 mm.

CIRURGIA

Substituição da valva aórtica com prótese mecânica ou tecidual geralmente é feita nas formas reumáticas. Reparação cirúrgica pode ser feita em casos de perfuração de um folheto por endocardite infecciosa ou rotação traumática. Quando a causa é dilatação da aorta pode ser feito estreitamento do anel ou excisão de uma porção da raiz sem substituição da valva. A substituição é necessária em 50% dos pacientes com regurgitação aórtica e dissecção de aorta do tipo A. Pode ser necessário além da substituição da valva um retalho para a parte aneurismática excisada da aorta. A mortalidade operatória e tardia depende do estágio da doença e da função do miocárdio. Para casos de regurgitação aórtica isolada a mortalidade cirúrgica é de 3%, aumentando para 10% com disfunção ventricular prolongada, situação na qual a mortalidade tardia é de 5% por ano. Apesar disso, devido ao prognóstico ruim com tratamento clínico, até mesmo pacientes com falência ventricular devem ser considerados para tratamento.

REFERÊNCIAS

AMERICAN COLLEGE OF CARDIOLOGY FOUNDATION and AMERICAN HEART ASSOCIATION. *Management of patients with valvar heart disease*, 2006.

BRUNTON, Laurence L. *et al. Goodman and Gilman's: manual of pharmacology and therapeutics.* New York: McGraw-Hill, 2008.

FAUCI, Anthony S. *et al. Harrison's principles of internal medicine.* 17ª ed. New York: McGraw-Hill, 2008.

FERRI, Fred F. *Ferris clinical advisor: instant diagnosis and treatment.* 1ª ed. Philadelphia: Mosby Elsevier, 2009.

GAASCH, William H.; SUNDARAM, Meena; MEYER, Theo E. Managing asymptomatic patients with chronic aortic regurgitation. American College of Chest Physicians. *Chest*, 1997, n. 111, p. 1702-1709.

LIBBY, Peter. *Braunwald's heart disease: a textbook of cardiovascular medicine*. 8ª ed. Philadelphia: Elsevier, 2008.

CAPÍTULO 9

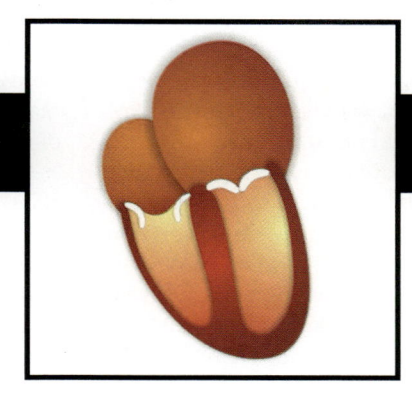

ESTENOSE VALVAR MITRAL
EDUARDO MAFFINI DA ROSA
CAMILA VIECCELI
BRUNA ZUSE VALIATI

A redução do orifício da valva mitral, decorrente da fusão das comissuras e/ou cordoalhas, resulta em crescimento do átrio esquerdo. Em quadros avançados teremos alterações anatomopatológicas compatíveis com hipertensão arterial pulmonar, tais como: dilatação da artéria pulmonar, aumento do ventrículo esquerdo, insuficiência da valva tricúspide e aumento do átrio direito.

ESTENOSE VALVAR MITRAL

Eduardo Maffini da Rosa
Camila Viecceli
Bruna Zuse Valiati

EPIDEMIOLOGIA

A estenose da valva mitral é mais prevalente em mulheres (3:1) e costuma ocorrer na quarta ou quinta décadas de vida. A estenose mitral (EM) é mais comumente causada por doença cardíaca reumática. Esta patologia se tornou incomum em países desenvolvidos, devido à baixa incidência de febre reumática. Nos países em desenvolvimento, onde a febre reumática é mais comum, a EM ainda é prevalente.

DEFINIÇÃO

Patologia decorrente da restrição da abertura dos folhetos valvares, reduzindo a área mitral de passagem de sangue, formando um gradiente de pressão diastólico.

FISIOPATOLOGIA

O principal mecanismo da EM é a fusão das comissuras. Outras lesões anatômicas incluem encurtamento e fusão das cordoalhas tendíneas. Com a progressão da doença, as cúspides da valva tornam-se difusamente espessadas por tecido fibroso e/ou depósitos de cálcio, o que pode contribuir para a restrição da abertura dos folhetos. As alterações patológicas das comissuras e das cordas tendíneas levam ao estreitamento do ápice da valva (valva em "boca de peixe").

Em adultos normais, o óstio da valva mitral mede cerca de 4 a 6cm^2. A gravidade do estreitamento da valva classifica a EM em:

Quadro 3. Classificação da severidade da estenose mitral segundo a medida da área valvar

> **Leve:** maior do que 1,75 cm^2;
> **Moderada:** entre 1,25 e 1,75 cm^2;
> **Moderadamente grave:** entre 1,0 e 1,25 cm^2;
> **Grave:** menor do que 1,0 cm^2.

Fonte: Adaptado de *Cecil – Tratado de Medicina Interna*.

Os pacientes com essa doença costumam ser assintomáticos até que a área da valva fique reduzida a um terço de seu tamanho original. Quando isso ocorre, o sangue passa a fluir do átrio esquerdo (AE) para o ventrículo esquerdo (VE) somente em presença de um gradiente de pressão muito elevado. O débito cardíaco costuma ser normal nos pacientes com EM moderada, porém aumenta menos do que deveria durante o esforço. É necessária uma pressão muito maior para mantê-lo num nível adequado. O aumento da pressão pulmonar (venosa e arterial) reduz a complacência do pulmão, o que gera a dispneia de esforço. A hipertensão pulmonar é devida à transmissão retrógrada passiva da pressão elevada no AE, à constrição arteriolar pulmonar e ao edema intersticial na parede dos pequenos vasos pulmonares.

CAUSAS

A EM simples e a EM associada à insuficiência mitral costumam ser de origem reumática; raramente é congênita, apresentando-se então em pacientes bastante jovens. A EM pura ou predominante ocorre em cerca de 40% dos indivíduos com doença cardíaca reumática. Graus menores de EM pode acompanhar a insuficiência mitral e as alterações da valva aórtica. Outras causas incluem doenças de depósito (amiloidose) e endocardite infecciosa, entre outras, sendo estas raras. EM pode, embora seja raro, apresentar-se como uma complicação de doença carcinoide maligna, lúpus eritematoso sistêmico (LES), mucopolissacaridoses, etc.

QUADRO CLÍNICO

O período entre a cardite reumática inicial e o aparecimento dos sintomas de EM costuma ser de 20 anos. Passado este longo período de latência da doença, os sintomas começam a aparecer mesmo em pacientes cujo estreitamento da valva não é tão grave. Elevações acentuadas da pressão no AE podem ser precipitadas por esforço intenso, febre, anemia, fibrila-ção atrial (FA) e outras taqui-cardias, gravidez, tireotoxicose e outras. Esta elevação da pressão acarreta tosse e dispneia aos esforços. Com a evolução da doença e o agravamento da estenose, os sintomas podem ser precipitados por esforços cada vez menores. Pode ocorrer ortopneia e dispneia paroxística noturna devido à redistribuição do sangue da periferia para os pulmões, que ocorre quando o paciente assume a posição de decúbito. Pode também ocorrer edema pulmonar quando houver aumento súbito no fluxo sanguíneo e a valva estiver criticamente estreitada. Podem ocorrer episódios de hemoptise resultantes da ruptura das conexões venosas brônquicas secundárias à hipertensão pulmonar. Em alguns casos o AE aumentado pode afetar o nervo recorrente esquerdo, causando rouquidão (síndrome de Ortner) ou pode afetar o esôfago, causando disfagia. Em pacientes que apresentam a doença moderadamente grave há anos, surgem arritmias atriais com bastante frequência. O surgimento de FA marca uma nova fase da doença, com progressão mais rápida e piora dos sintomas. Podem se formar trombos no AE em pacientes portadores de EM. A embolia ocorre com maior frequência nos pacientes idosos ou com baixo débito cardíaco.

EXAME FÍSICO

Na inspeção dos pacientes com EM grave, pode-se ver rubor malar com fácies cianótica. Naqueles que têm ritmo sinusal e hipertensão pulmonar severa, o pulso venoso jugular revela ondas a proeminentes devido à vigorosa sístole atrial direita. Na ausculta cardíaca a B1 (primeira bulha) costuma estar hiperfonética e um pouco retardada. Em pacientes com hipertensão pulmonar severa, pode ser audível um clique de ejeção sistólica pulmonar. O estalido de abertura (EAb) da valva mitral é mais audível durante a expiração e sobre o ápice cardíaco. O EAb é seguido do ruflar diastólico, um sopro grave que é mais facilmente auscultado no ápice e com o paciente em decúbito lateral esquerdo. O ruflar diastólico intensifica-se após a realização de exercício físico. A duração do sopro está relacionada à gravidade da estenose. Os pacientes que apresentam EM com insuficiência do VD podem ter hepatomegalia, edema maleolar, ascite e derrame pleural (normalmente na cavidade pleural direita).

ELETROCARDIOGRAMA

Se o paciente tiver ritmo sinusal, a onda P poderá sugerir aumento do AE. No entanto, a FA é comum nestes pacientes. Se houver hipertensão pulmonar grave, pode haver evidências de hipertrofia do VD.

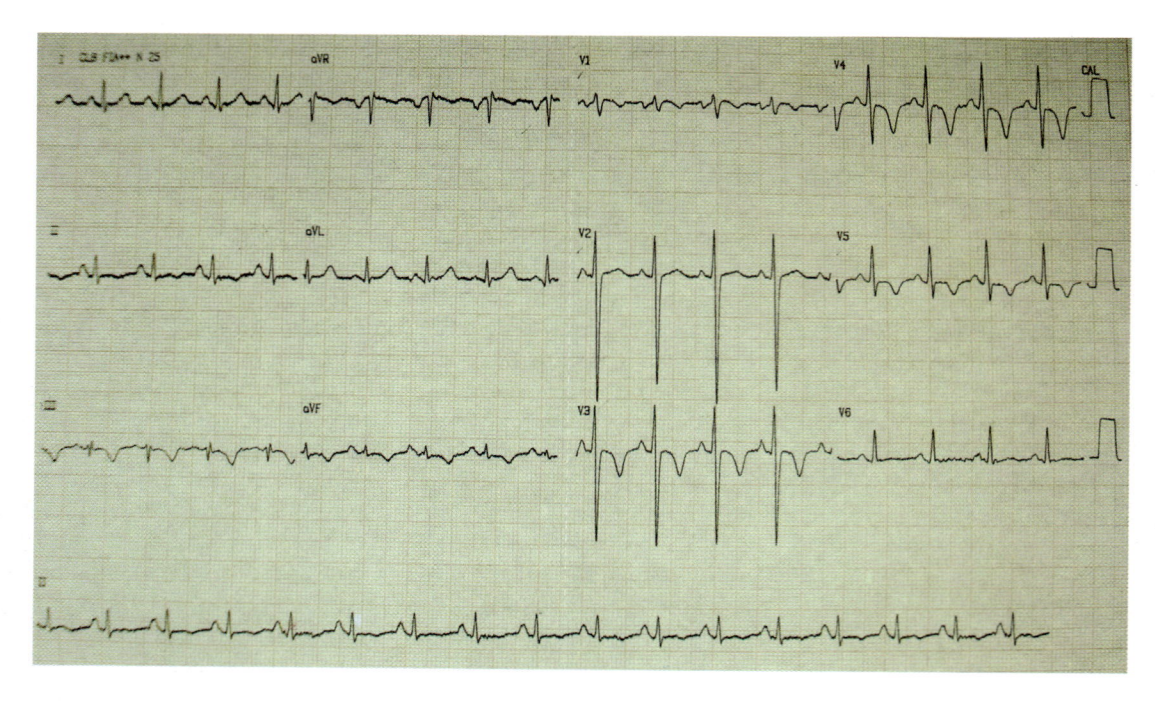

LAUDO

Taquicardia sinusal, FC: 130 bpm, aumento biatrial, alteração do segmento ST – T inferior e V3 e V4.

DESCRIÇÃO

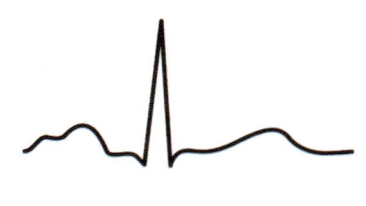

No eletrocardiograma o aumento do átrio esquerdo é percebido pelo alargamento da onda P (duração superior a 0,10 ms) melhor observada nas derivações D2 e V1. Quando a estenose da valva mitral se acompanhar de hipertensão pulmonar, surgirá o aumento da voltagem da onda P, mostrando o crescimento do átrio direito. Alterações no segmento ST e T, nas derivações V1, V2 e V3, são sugestivas de sobrecarga ventricular direita.

RADIOGRAFIA DE TÓRAX

São achados radiográficos precoces a retificação da borda esquerda da silhueta cardíaca, a proeminência das artérias pulmonares principais, a dilatação das veias pulmonares do lobo superior e o deslocamento posterior do esôfago, devido ao aumento do AE. Também podem ser vistas, na EM grave, as linhas B de Kerley, que são imagens finas e densas que resultam da distensão dos septos interlobares e dos vasos linfáticos com edema. Isso ocorre quando a pressão média do AE, em repouso, excede a 20 mmHg.

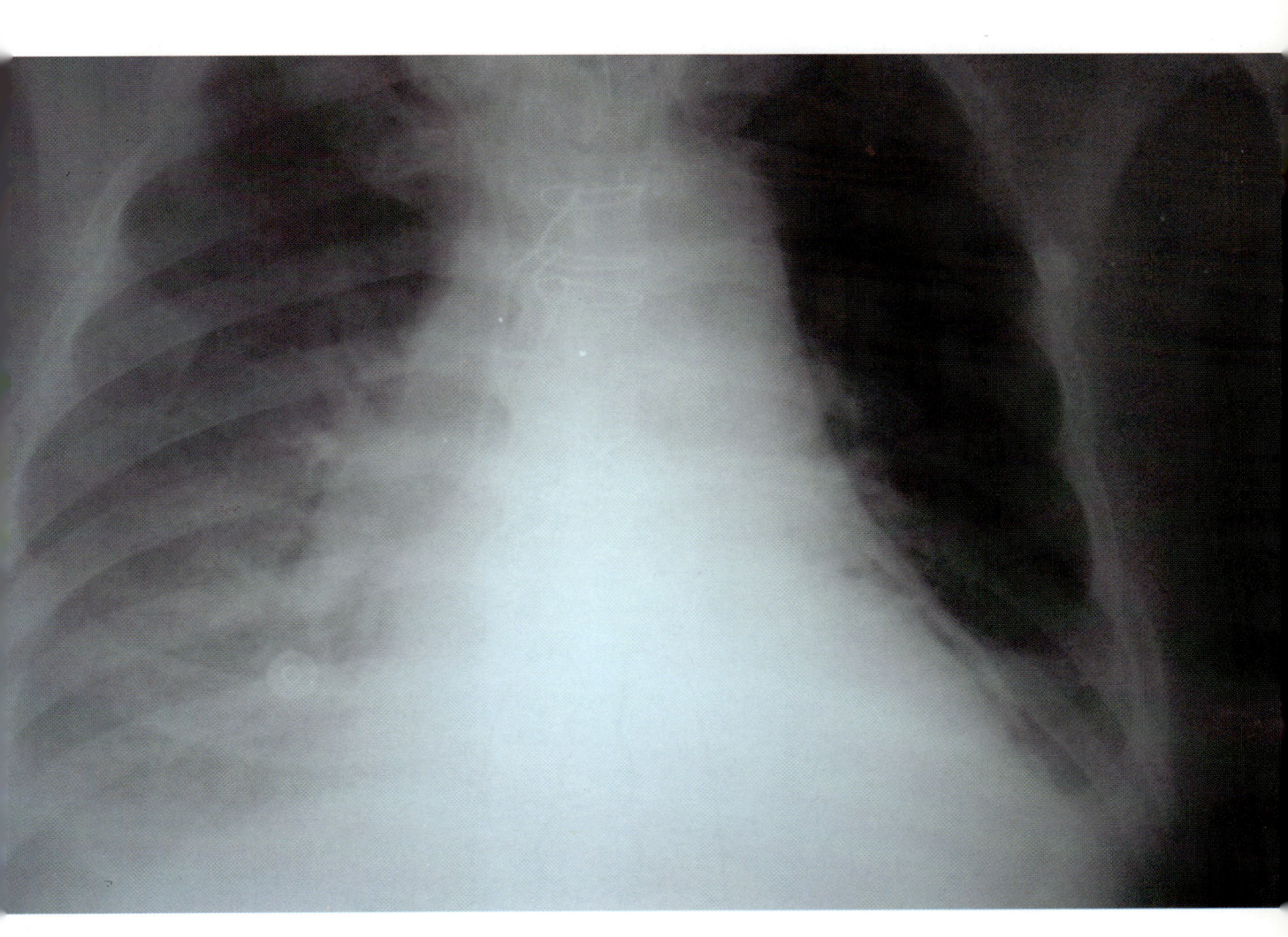

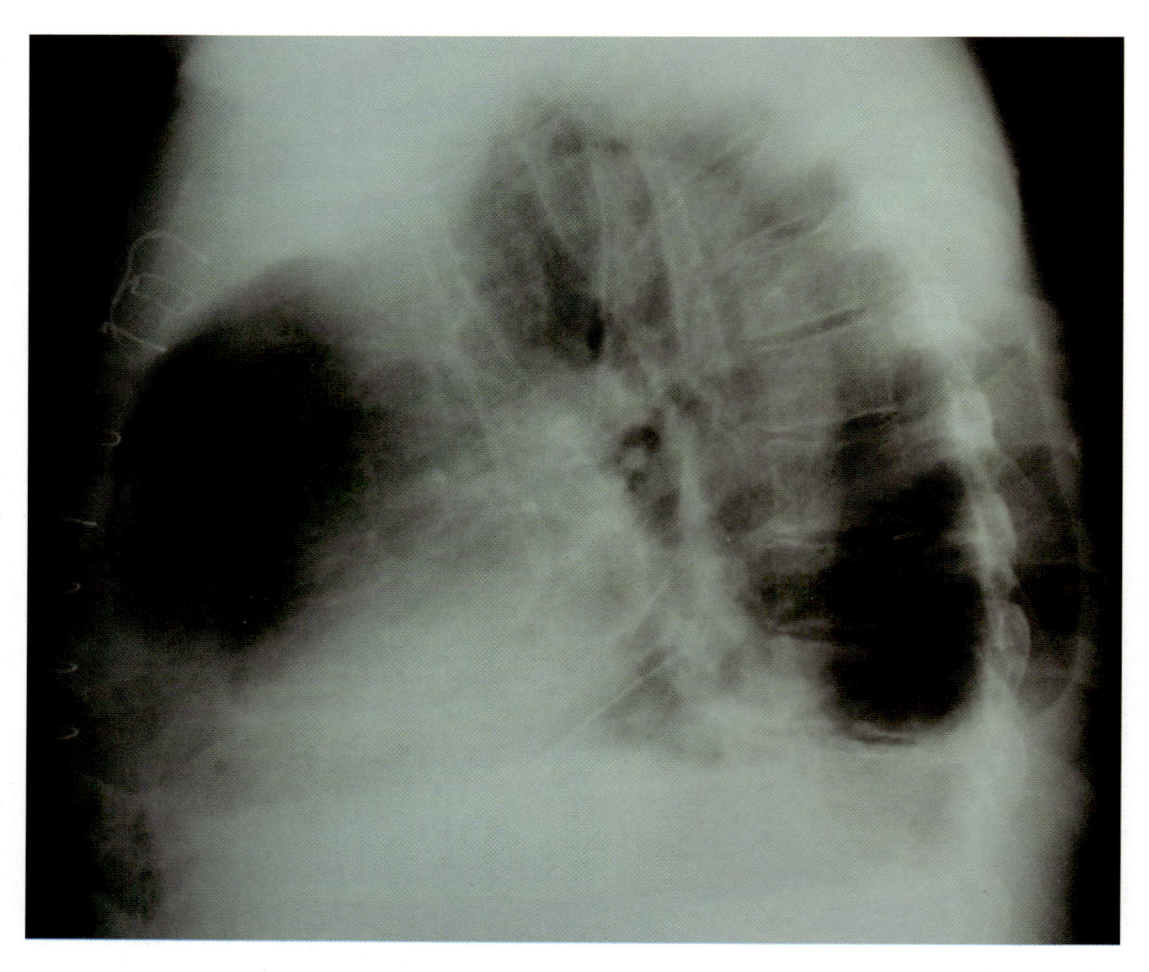

LAUDO

Aumento dos átrios e ventrículo direito. Derrame pleural. Sinais de congestão pulmonar.

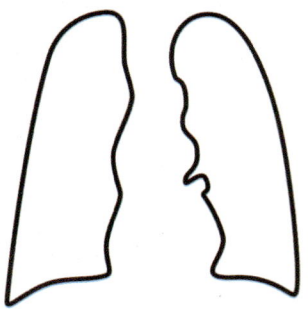

DESCRIÇÃO

Os sinais radiológicos de estenose da valva mitral são: a retificação do brônquio-fonte esquerdo e, no caso da radiografia ser acompanhada de contraste via esôfago, irá surgir uma impressão do átrio esquerdo sobre o esôfago.

ECOCARDIOGRAMA

É a mais importante ferramenta diagnóstica na EM, pois é o método não-invasivo mais sensível e específico, sendo também considerado o melhor exame para seguimento clínico destes pacientes. O ecocardiograma transtorácico bidimensional com Doppler a cores e a ecografia com Doppler fornecem estimativas do gradiente transvalvar e do tamanho do óstio, espessura das cúspides, presença de insuficiência mitral associada, dados sobre a hemodinâmica, entre outros. O ecocardiograma transesofágico fornece imagens de melhor qualidade. Considera-se que ele tem um papel potencial para detectar trombos no AE (uma contraindicação à realização do procedimento, devido ao risco aumentado de derrame por deslocamento do trombo) em pacientes que estão sendo avaliados para tratamento com valvotomia percutânea por cateter-balão ou cardioversão. Ele deve ser solicitado rotineiramente apenas com este fim. Apesar de ser usado nessa circunstância, até o dia de hoje não há comprovação de que a ecografia transesofágica possa reduzir as complicações associadas à valvotomia percutânea. A ecografia transesofágica não é feita de rotina nos pacientes com EM para avaliar a morfologia da valva nem a hemodinâmica, sendo um método complementar nesses casos.

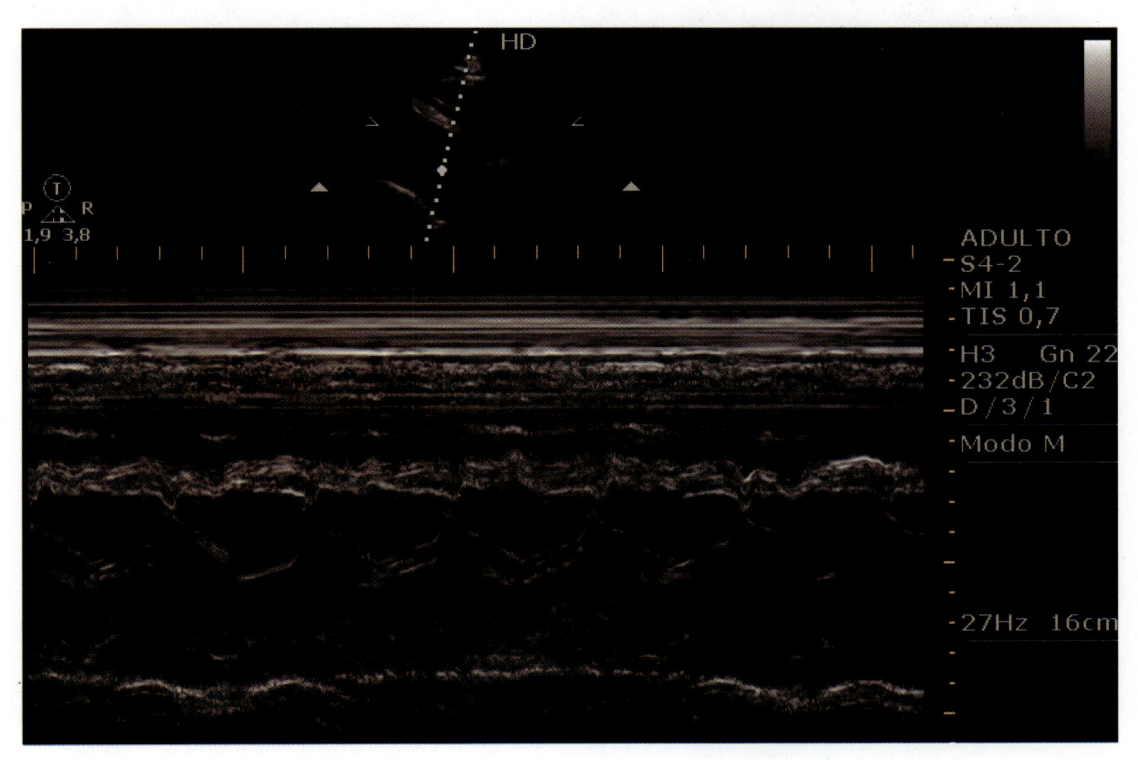

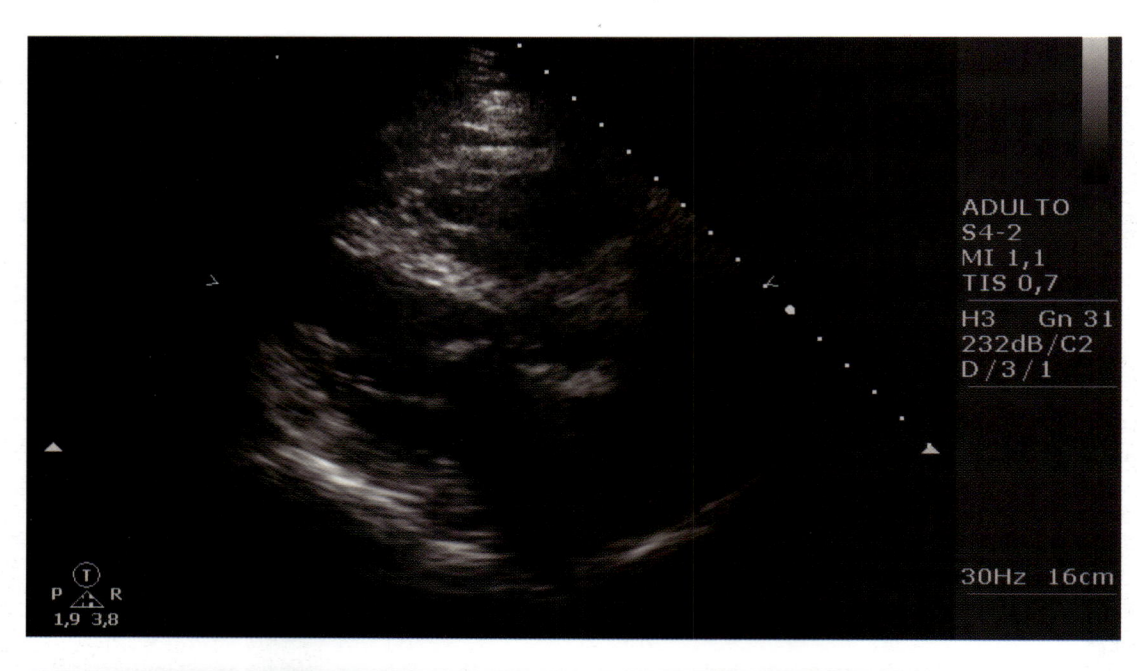

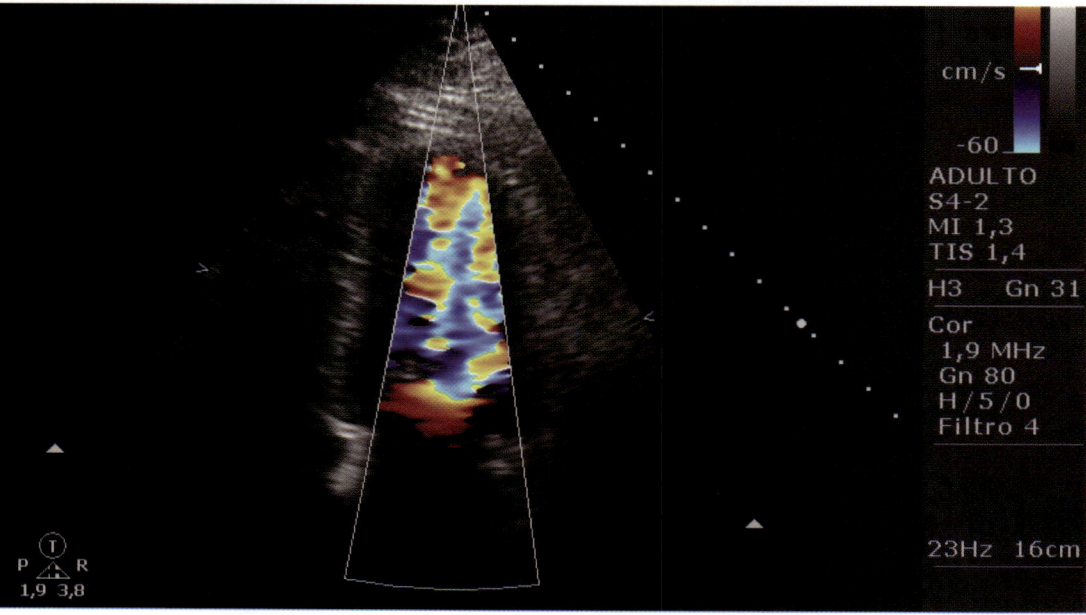

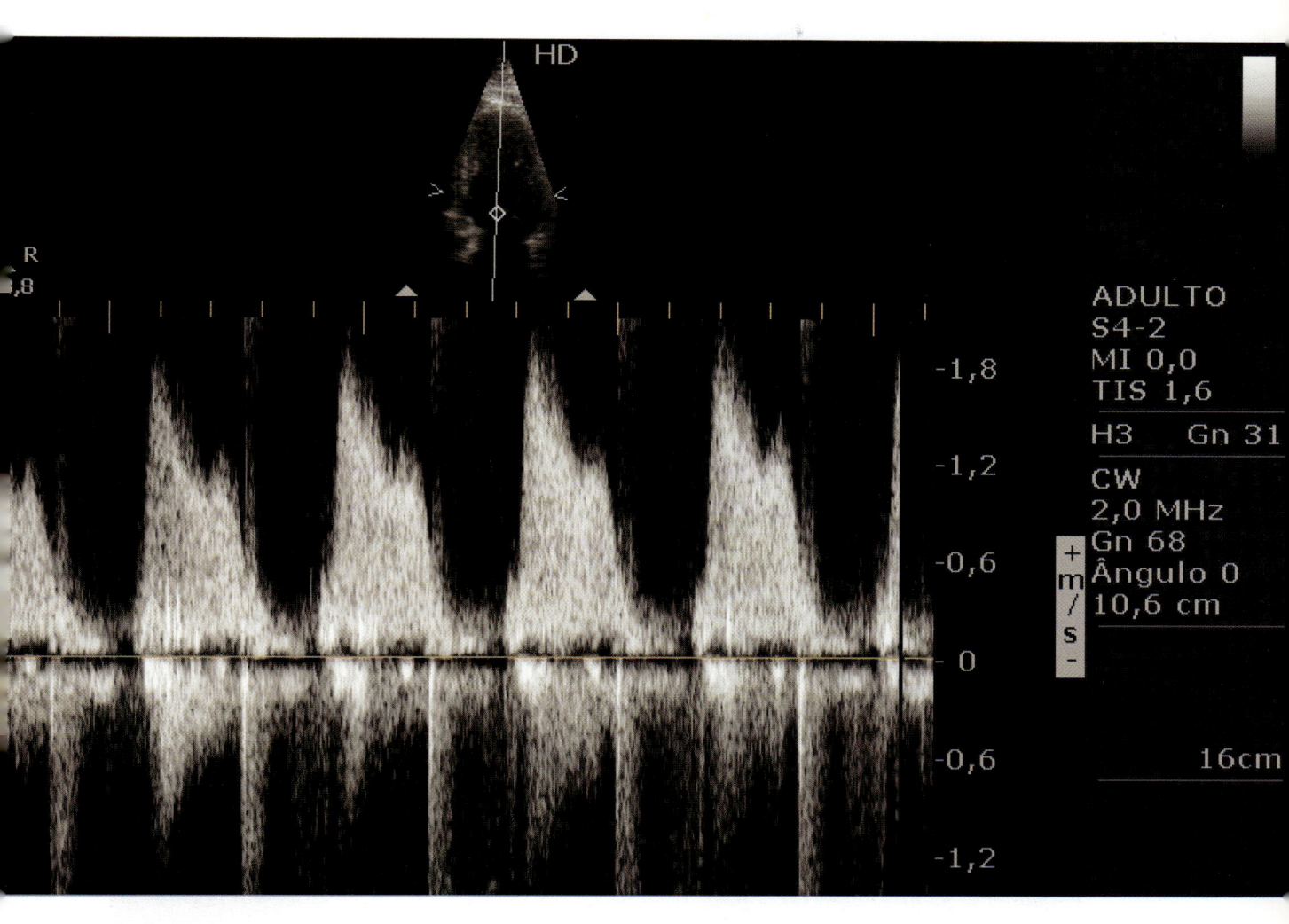

LAUDO

Estenose mitral severa. Aumento atrial esquerdo.

DESCRIÇÃO

A presença da estenose mitral no ecocardiograma é, inicialmente, evidenciada pela observação da dinâmica de abertura dos folhetos da valva mitral no bidimensional. Os folhetos estarão espessados, fusionados e calcificados em graus variáveis. O uso do Doppler contínuo, além de corroborar o diagnóstico de estenose, permite estimar o orifício estenótico e graduar a estenose mitral.

DIAGNÓSTICO DIFERENCIAL

A comunicação interatrial (CIA) pode ser confundida com EM, pois em ambas as situações há evidências de aumento do VD e acentuação da vasculatura pulmonar. No entanto, a inexistência de aumento do AE e das linhas B de Kerley ao Rx favorecem o diagnóstico de CIA. Outra patologia que pode ser confundida inicialmente com EM é a insuficiência mitral, pois ela pode cursar com sopro diastólico proeminente audível no ápice. Este sopro, no entanto, começa um pouco mais tarde na insuficiência mitral. Além disso, a insuficiência mitral também apresenta evidências claras de aumento do VE.

TRATAMENTO

Para controle dos sintomas devem ser prescritos diuréticos, para a insuficiência cardíaca, e uma dieta restrita em sal. Para o controle da frequência cardíaca e das arritmias (mais comumente a FA), podem ser usados a digoxina, os betabloqueadores e os antagonistas do cálcio (verapamil e diltiazem). Recomenda-se, além disso, o uso de warfarina até um RNI de 2 a 3 durante um ano, para indivíduos que tiveram embolias, e permanentemente para aqueles portadores de FA. Deve ser feita, ainda, profilaxia com penicilina para prevenir episódios de febre reumática e endocardite infecciosa.

A valvotomia mitral está indicada em pacientes sintomáticos com EM isolada e cujo óstio seja menor do que 1,7 cm^2 (em adultos de estatura normal). Este procedimento pode ser feito de duas formas: valvotomia percutânea por cateter-balão e valvotomia cirúrgica. A primeira é indicada para pacientes com cúspides relativamente móveis e finas, com pouca calcificação e com insuficiência mitral leve ou ausente. Na valvotomia por balão, é introduzido um cateter até o AE e um balão é posicionado e insuflado no óstio valvar. Nos pacientes em que a valvotomia por balão é impossível ou quando há reestenose, se faz necessária a realização de valvotomia cirúrgica. Nesse caso, devem ser abertas as comissuras valvares e removidos grandes depósitos de cálcio. A valvotomia (tanto percutânea quanto cirúrgica), quando bem-sucedida, prolonga a sobrevida e melhora os sintomas e fatores hemodinâmicos. Os resultados a curto e médio prazo da valvotomia por balão e da valvotomia a "céu aberto" são similares, não sendo indicados para pacientes assintomáticos, pois não há indícios de que melhorem o seu prognóstico.

REFERÊNCIAS

GOLDMAN, L.; AUSIELLO, D. *Cecil: medicine*. 23ª ed. Nova York: Elsevier, 2007.

KASPER, D. *et al*. *Harrison: medicina interna*. 16ª ed. Rio de Janeiro: McGraw-Hill, 2006.

LIBBY, P.; BONOW, R.; MANN, D. *Braunwald's heart disease: a textbook of cardiovascular medicine*. 8ª ed. Philadelphia: Saunders, 2007.

CAPÍTULO 10

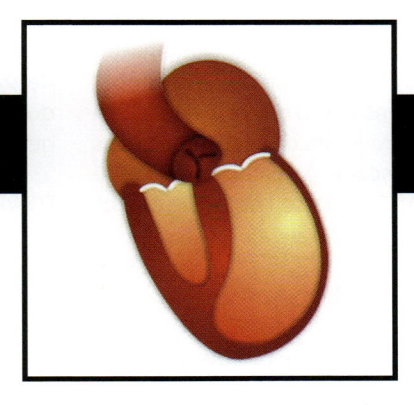

INSUFICIÊNCIA VALVAR MITRAL
EDUARDO MAFFINI DA ROSA
CAMILA VIECCELI
MAICON JOEL CIMAROSTI

O refluxo pela valva mitral ocasiona uma sobrecarga de volume no átrio direito durante a sístole, sendo este volume aumentado quando esvaziado, dentro do ventrículo esquerdo, durante a diástole. Anatomo-patologicamente se apresentará pelo crescimento do átrio esquerdo e pelo aumento do tamanho da cavidade intraventricular.

INSUFICIÊNCIA VALVAR MITRAL

Eduardo Maffini da Rosa
Camila Viecceli
Maicon Joel Cimarosti

EPIDEMIOLOGIA

A distribuição entre os sexos tem uma leve predominância masculina. Em relação à idade pode acontecer em pacientes jovens, como nos casos de agressão reumática, ou em idade mais avançada. A insuficiência mitral (IM) instala-se conforme a etiologia da doença.

DEFINIÇÃO

Caracteriza-se por uma doença carga-dependente em que ocorre uma alteração anatomofisiológica de algum componente do aparelho valvar mitral (folhetos mitrais, anel valvar, cordoalhas tendinosas, músculos papilares, parede posterior do AE, VE) que reduz o poder de vedação dos folhetos mitrais ocasionando refluxo de sangue do VE para o AE durante a sístole ventricular, sobrecarregando-os.

ETIOLOGIA

Febre reumática, LES, miocardiopatia dilatada, hipertrófica ou restritiva, cardiopatia isquêmica crônica, IAM, síndrome carcinoide, síndrome anticardiolipina, síndrome de Marfan, congênita, traumática, pós-radiação, síndrome de Ehlers-Damlos, endocardite infecciosa, tumor atrial, mixoma, prolapso de valva mitral, espontânea, doença de Kawasaki, anorexígenos fentermina-fensluramina.

FISIOPATOLOGIA

O principal dano na insuficiência mitral é a falha na comunicação entre átrio e VE, sendo que o átrio passará a receber sangue proveniente de duas vias, uma normal da circulação pulmonar e outra da regurgitação advinda do VE; como forma de adaptação ao excesso de volume o átrio dilata-se e posteriormente hipertrofia-se formando um mecanismo compensatório que explica porque pacientes com insuficiência mitral crônica cursam durante algum tempo assintomáticos. Já o VE terá duas vias de esvaziamento, a aórtica e a mitral.

Quanto mais severa for a lesão mitral maior será a sobrecarga de volume e a regurgitação, tornando o AE um reservatório sanguíneo que mantém por um tempo prolongado as pressões pulmonares dentro dos padrões, até que ocorra a falência ventricular esquerda que devido a intensa pressão diastólica rompe o mecanismo reservatório do átrio desaguando o volume no território pulmonar. Entretanto, caso a insuficiência mitral venha sob a forma aguda, a estase venocapilar pulmonar será precoce e acentuada devido à dificuldade de adaptação do VE.

Na insuficiência mitral a pós-carga é menor sendo aliviada pelo fluxo atrial esquerdo e por ocorrer 50% antes da abertura da valva aórtica. Por isso, encontra-se uma função sistólica ventricular normal ou diminuída, mas com fração de ejeção elevada, sendo esse um padrão observado para avaliação do paciente cirúrgico. O volume sistólico final e o diâmetro diastólico final servem como padrões complementares de avaliação da disfunção ventricular, visto que o volume é dependente do tamanho do orifício incompetente e da pressão entre as cavidades esquerdas, essas, por sua vez, relacionam-se com a resistência vascular periférica. Desse modo, aumento de pré-carga e pós-carga concomitante com uma diminuição da contratilidade ventricular esquerda alargam o anel mitral e o orifício regurgitante.

O aumento do volume é acompanhado por uma diminuição do débito cardíaco, fato que explica o aumento da pressão diastólica apenas nas fases tardias da evolução. Porém o débito cardíaco do VE, nas fases tardias, se mantém elevado por um longo período, assim o débito cardíaco durante o exercício torna-se o principal marcador da capacidade funcional.

O aumento do volume diastólico final agregado ao aumento do orifício do anel mitral pode acarretar um ciclo vicioso no qual insuficiência mitral cria mais insuficiência mitral. Em vários pacientes os mecanismos de ajustes conseguem manter o coração compensado por muitos anos, porém ocorrerá inevitavelmente a descompensação cardíaca, a contratilidade cardíaca explica esse episódio de modo que nas fases precoces está elevada vindo a diminuir ao longo do tempo tornando-se, muitas vezes, de caráter irreversível.

QUADRO CLÍNICO

Os sintomas da insuficiência mitral são fortemente relacionados com a severidade da lesão. Pacientes com IM crônica leve e moderada normalmente são assintomáticos. Fadiga, dispneia aos esforços e ortopneia, tosse, escarro hemoptoico e palpitações (devido à FA) são as queixas de pacientes com IM crônica grave e a febre reumática acontece na maioria desses pacientes. Nos casos de IM aguda o sintoma proeminente é o edema agudo de pulmão.

EXAME FÍSICO

Na IM crônica grave encontra-se uma pressão arterial normal, pulso sofrendo uma ascensão abrupta, frêmito sistólico palpável ao nível do ápice cardíaco, VE hiperdinâmico, *ictus cordis* deslocado lateralmente.

Já a IM aguda grave apresenta uma pressão arterial normal ou reduzida, a pressão venosa e o pulso jugular podem estar normais ou reduzidos, o *ictus cordis* não está deslocado e congestão pulmonar com sinais evidentes.

Na ausculta cardíaca encontra-se uma primeira bulha hipofonética, ausente ou encoberta pelo sopro holossistólico. Pacientes com a forma grave da doença podem apresentar fechamento prematuro da valva aórtica, resultando em desdobramento amplo e fisiológico da segunda bulha. Terceira bulha de baixa frequência pode ser encontrada devido ao súbito tensionamento dos músculos papilares, cordas tendíneas e cúspides valvares. A quarta bulha é auscultada em pacientes com IM grave em ritmo sinusal. O principal achado na ausculta cardíaca é o sopro sistólico com graduação mínima III/VI, normalmente é holossistólico, mas na IM aguda grave pode desaparecer na telessístole. O sopro é mais facilmente escutado no ápice pulmonar com irradiação axilar, entretanto, nos casos de ruptura das cordas tendíneas, prolapso ou instabilidade primária da cúspide mitral posterior o sopro é transmitido para a base do coração.

ELETROCARDIOGRAMA

O ECG nos casos leves pode mostrar-se inalterado, a IM crônica grave associa-se normalmente à FA. Aparecem também hipertrofia do VE e do AE, sendo esse associado ao ritmo sinusal.

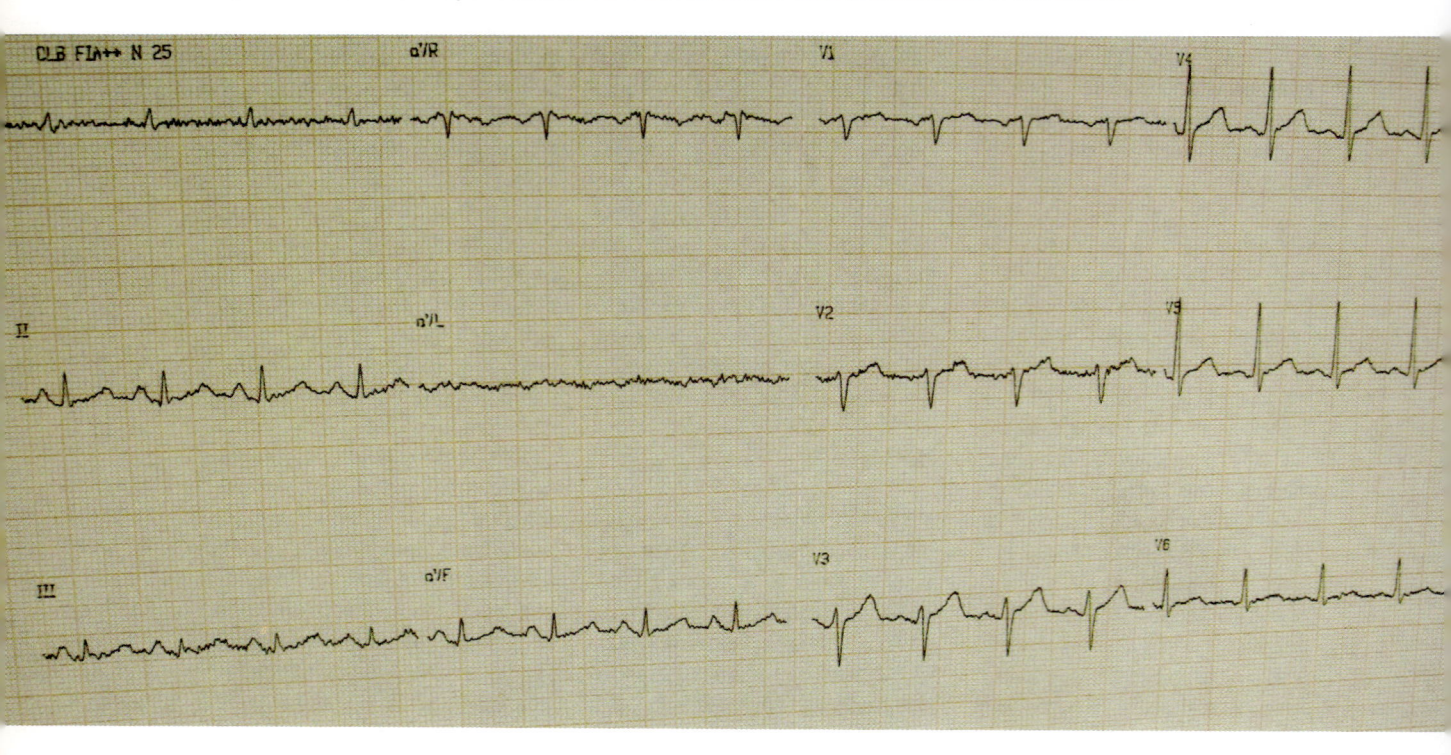

LAUDO

Ritmo sinusal, FC 100 bpm, aumento do ventrículo e átrio esquerdos.

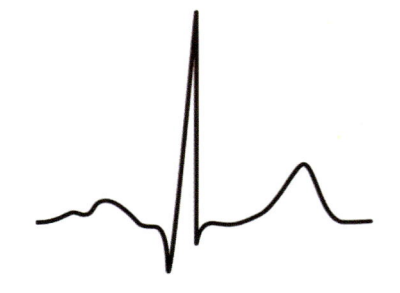

DESCRIÇÃO

O aumento da duração da onda P em D2 e V1 é o sinal que se evidencia quando há crescimento atrial esquerdo. O aumento da voltagem do QRS nas derivações laterais esquerdas, associado à onda T apiculada e onda Q, são secundários à sobrecarga volumétrica do ventrículo esquerdo.

RADIOGRAFIA DE TÓRAX

Será normal nos casos leves e agudos, desde que não haja outra patologia concomitante. Encontrando-se descompensação cardíaca são vistos no exame:

- Edema intersticial;
- Inversão da vasculatura pulmonar;
- Derrame pleural;
- Opacificação hilar;
- Linhas B de Kerley;
- Calcificações.

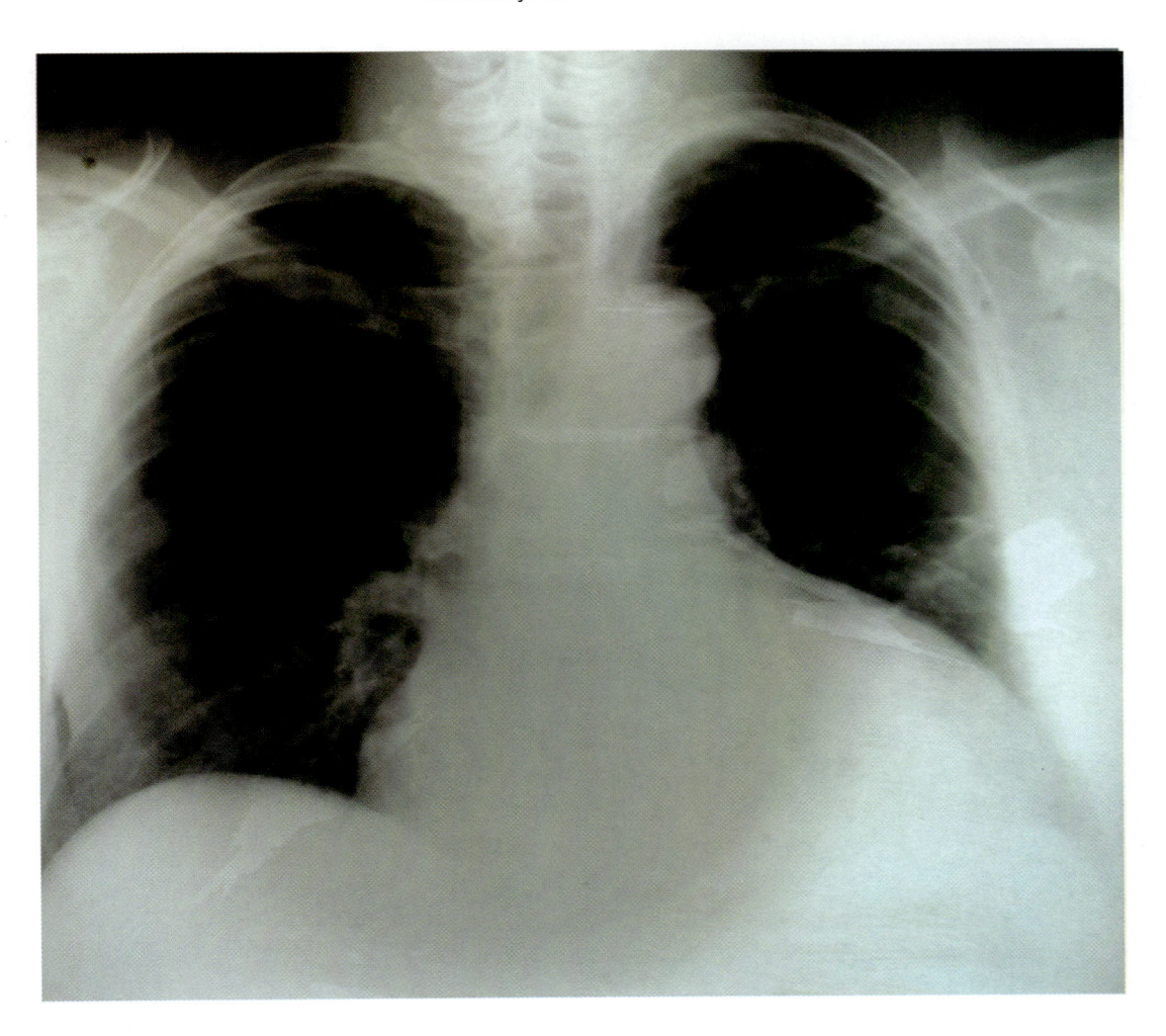

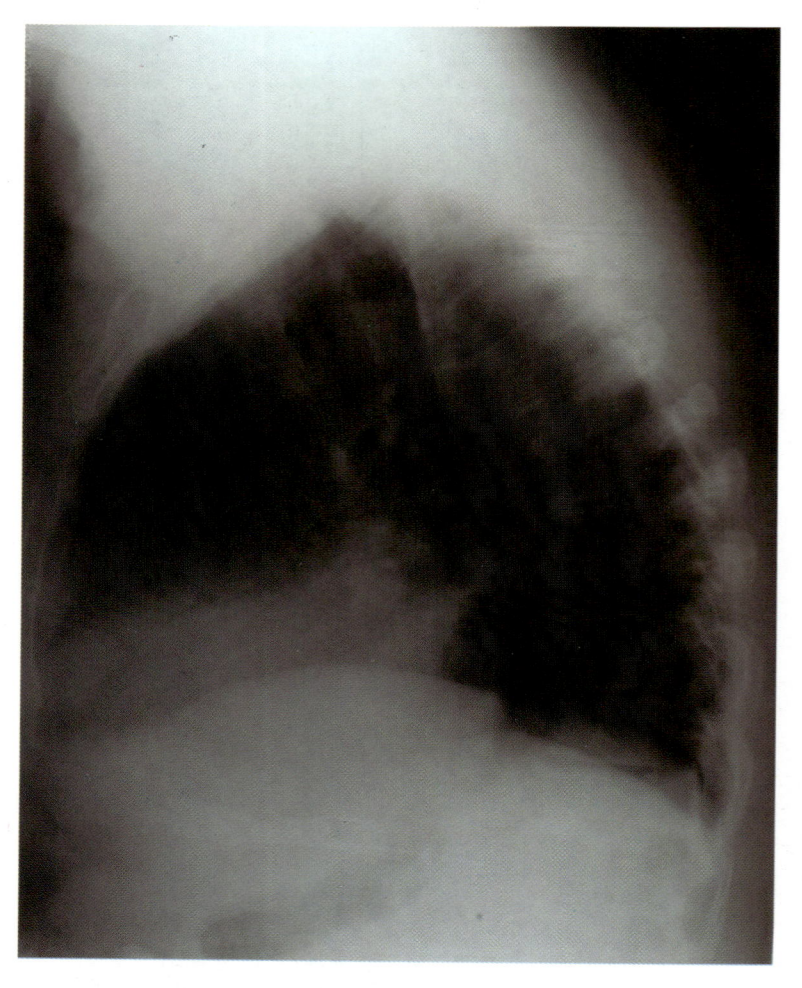

LAUDO

Aumento do ventrículo esquerdo. Aumento do átrio esquerdo.

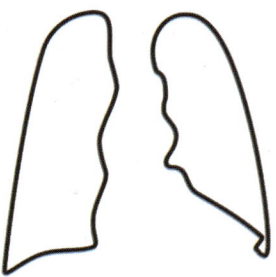

DESCRIÇÃO

O aumento, para a esquerda, da silhueta cardíaca esquerda denota o aumento ventricular esquerdo. O aumento do átrio esquerdo é observado na retificação do ângulo do brônquio-fonte esquerdo.

ECOCARDIOGRAMA

Faz uma avaliação da estrutura e da função das cúspides, integridade das cordas tendíneas, dimensões do átrio e VE e presença de funções sistólicas. O Doppler demonstra a amplitude de regurgitação mitral através de fluxo colorido no AE, intensidade do sinal de Doppler de ondas contínuas, contorno do fluxo venoso pulmonar, influxo mitral, quantidade de volume regurgitado e a área efetiva do orifício regurgitante.

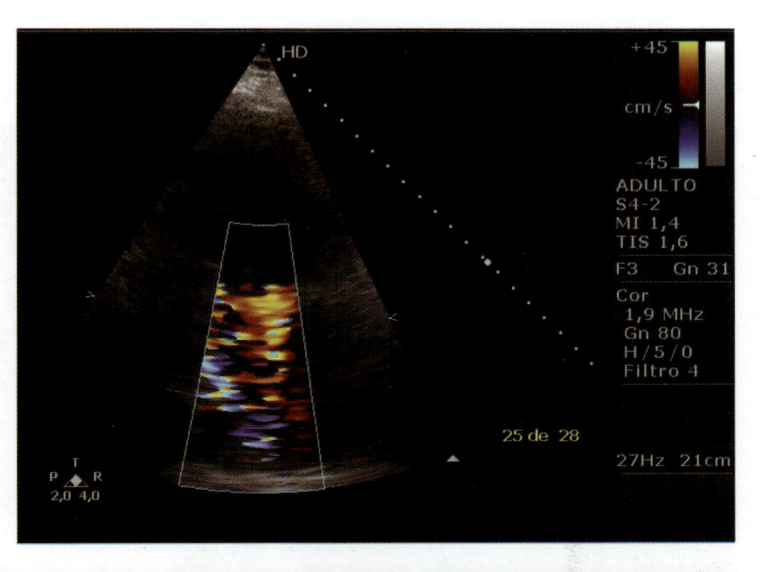

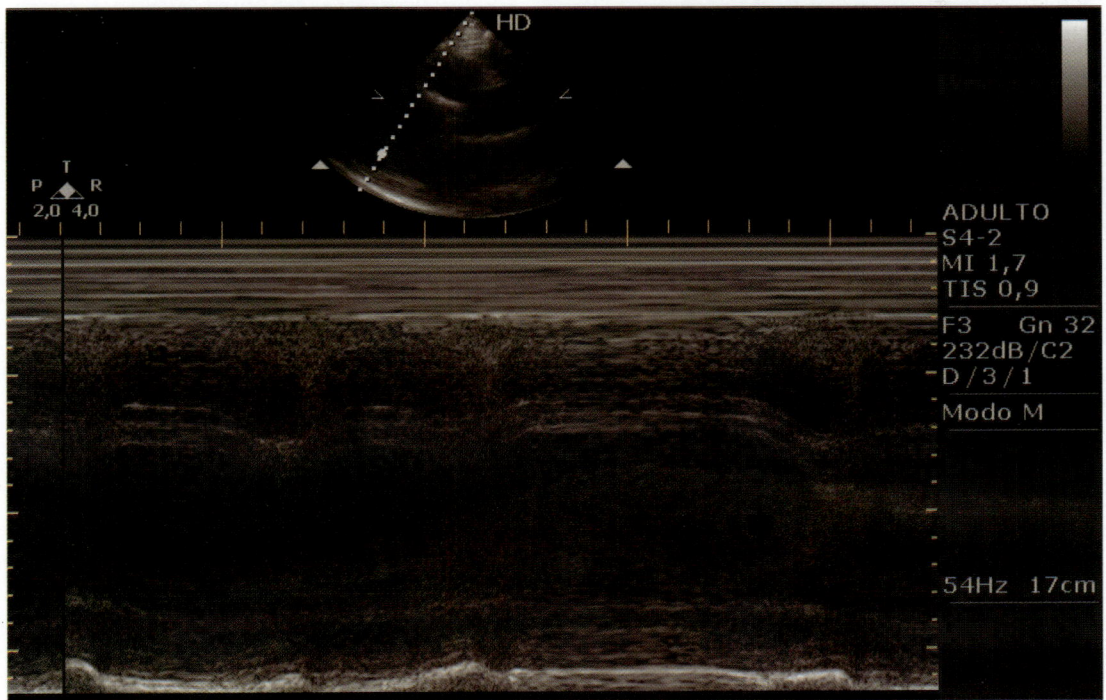

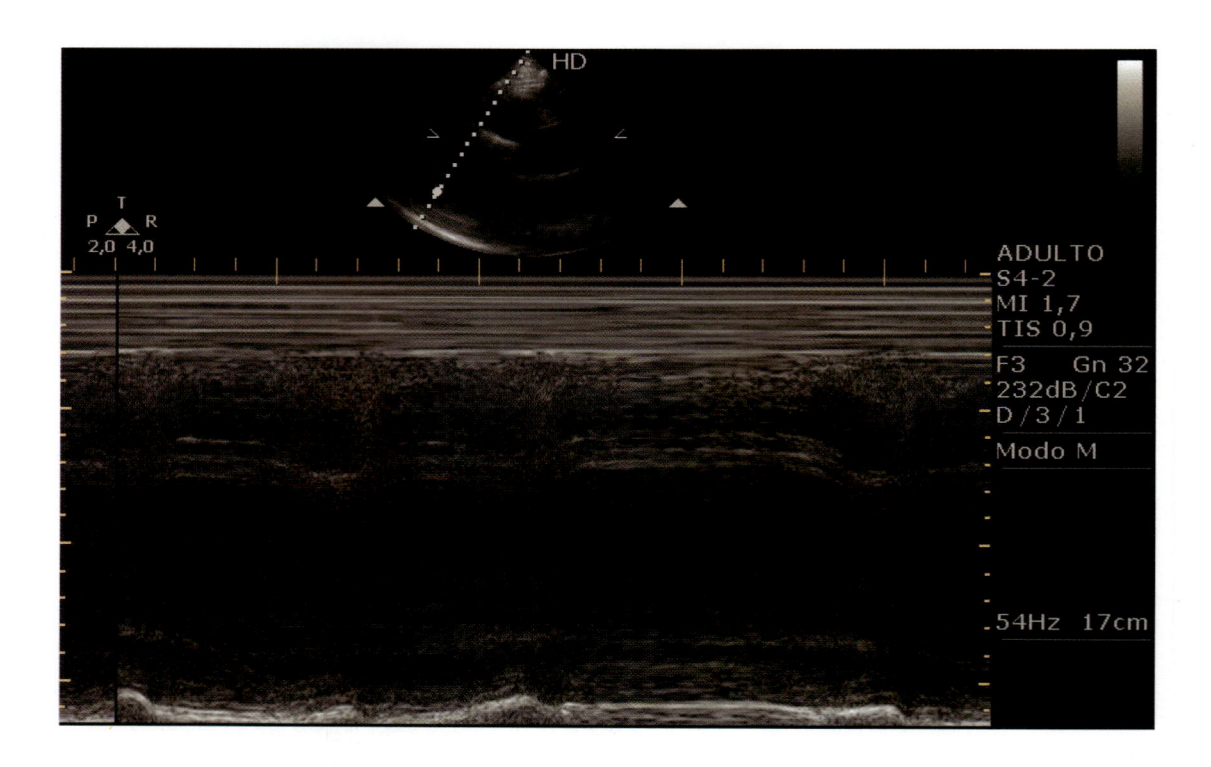

LAUDO

Aumento do ventrículo e átrio esquerdos. Insuficiência mitral severa. Disfunção diastólica tipo pseudonormal.

DESCRIÇÃO

O aumento do ventrículo esquerdo é observado no aumento do valor da medida da cavidade ventricular esquerda no modo M, bem como pelo aspecto no exame bidimensional de três câmaras.

No Collor Doppler se observa o fluxo ventricular regurgitante enchendo parcialmente o átrio esquerdo.

A disfunção diastólica do ventrículo esquerdo é observada no Doppler, que apesar da relação entre as ondas E e A ser preservada, os tempos de desaceleração da onda E, bem como o tempo de relaxamento isovolumétrico se apresentam aumentados.

CATETERISMO CARDÍACO

É indicado quando os sintomas estiveram desproporcionais ao grau da lesão, quando houver diferença clínica com o ECG, detecção da severidade da lesão, achar outras lesões, buscar conhecimento da rede arterial coronariana, sobretudo em pacientes acima dos 40 anos de idade.

TRATAMENTO

O tratamento da IM define-se essencialmente pela sua causa, por exemplo, é viável utilizar um tratamento intensivo para insuficiência cardíaca em pacientes que apresentem um cenário de cardiomiopatia dilatada isquêmica ou não-isquêmica, fazendo uso de betabloqueadores, digitálicos, inibidores da ECA e diuréticos com o intuito de reduzir os sintomas da IM. Primeiramente deve-se aliviar os sintomas, melhorar a tolerância aos exercícios e a qualidade de vida. Além disso, é recomendado o uso de vasodilatadores em pacientes crônicos.

Para pacientes com a forma aguda da doença necessita-se a estabilização e preparação para o procedimento cirúrgico.

A cirurgia divide-se em dois planos: a troca valvar e a reconstrução valvar. Sendo que a última mostra-se a melhor opção para o paciente com IM severa, sem origem reumática, uma vez que comparada com a substituição tem menor taxa de mortalidade perioperatória e pós-operatória, melhor preservação do VE e menor taxa de morbidade a longo prazo. Analisando os desfechos pós-operatórios consideram-se idade, FA, função ventricular pré-operatória com ênfase na fração de ejeção acima de 50% e volume diastólico final acima de 40 mm como fatores de risco para a cirurgia.

A cirurgia está indicada para pacientes assintomáticos quando eles possuírem uma fração de ejeção inferior a 60% e/ou dimensão sistólica ventricular esquerda superior a 40 mm, FA e função ventricular esquerda preservada, hipertensão pulmonar sistólica superior a 50 mmHg em repouso ou a 60 mmHg durante exercício físico. Em pacientes sintomáticos, graus III e IV, está indicada cirurgia imediatamente. Nas classes inferiores deve-se avaliar o resultado do estudo ecocardiográfico e analisar a possibilidade cirúrgica.

É discutível o fato de intervir cirurgicamente em pacientes assintomáticos, porém a reconstrução mitral como método de profilaxia justifica a conduta mais agressiva no paciente, já que o quadro agrava-se com o passar do tempo, aumentando o risco de complicações. Além disso, a valvoplastia mitral apresenta risco de mortalidade operatória < 1% em pacientes com menos de 75 anos, sendo viável em 95% dos pacientes e com intervenção para reconstrução < 1% ao ano nos 10 anos seguintes à cirurgia.

Pacientes com grau I de disfunção, fração de ejeção acima de 60% e diâmetro sistólico final inferior a 40 mm podem ser observados em intervalos de três a seis meses e caso apresentem agravamento dos sintomas deve ser considerada a possibilidade cirúrgica. Em pacientes com função ventricular abaixo de 30 mm normalmente respondem melhor ao tratamento clínico.

REFERÊNCIAS

CECIL, R. L.; PLUM, F.; BENNETT, J. C. *Cecil: tratado de medicina interna.* 20ª ed. Rio de Janeiro: Guanabara Koogan, 1997. v. 2.

FAUCI, Anthony S. *et al. Harrison: medicina interna.* 17ª ed. Rio de Janeiro: McGraw-Hill, 2009. v. 2.

KUMAR, Vinay *et al. Robbins and Cotran: pathologic basis of disease.* 7ª ed. Philadelphia: Elsevier, 2005.

MICHIELIN, Francisco [Org.]. *Doenças do coração.* São Paulo: Robe, 2003.

CAPÍTULO 11

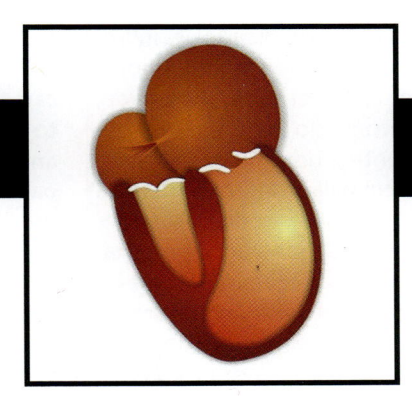

PROLAPSO DA VALVA MITRAL
EDUARDO MAFFINI DA ROSA
CAMILA VIECCELI
CRISLEI CASAMALI

Aumento da cavidade ventricular esquerda e do átrio esquerdo, ambos decorrentes da sobrecarga crônica de sangue, imposta pela regurgitação mitral. A valva mitral tem seus folhetos e cordoalhas redundantes, o que prejudica a coaptação adequada dos folhetos durante a sístole ventricular, permitindo que se estabeleça um pertuito pelo qual regurgita parte do volume sanguíneo da sístole ventricular. A presença de um orifício extra e, portanto, anormal, comunicando as cavidades atriais permite que o sangue do átrio esquerdo retorne ao átrio direito, gerando um aumento da volemia das cavidades direitas, bem como um aumento da pressão da arterial pulmonar reativa e protetora.

PROLAPSO DA VALVA MITRAL
Eduardo Maffini da Rosa
Camila Viecceli
Crislei Casamali

EPIDEMIOLOGIA

O prolapso valvar mitral (PVM), também denominado de síndrome do estalido sistólico, síndrome do folheto mitral crescido, síndrome do folheto mitral ondulante, síndrome da valva mitral em balão, síndrome da valva frouxa, síndrome do folheto ondulante, degeneração mixomatosa da valva mitral, síndrome de clique-sopro sistólico, síndrome de Barlow, síndrome da valva incompetente, síndrome da cúspide redundante, entre outros, é uma das anormalidades valvares cardíacas mais frequentes, ocorrendo em 2,4% da população. Sua prevalência no sexo masculino é duas vezes maior do que no feminino, sendo encontrada principalmente em mulheres entre 14 e 30 anos. No entanto, os homens, especialmente os acima de 50 anos, são mais acometidos pela regurgitação mitral grave.

DEFINIÇÃO E MECANISMOS FISIOLÓGICOS

Trata-se de uma anomalia que envolve diversos mecanismos patológicos do aparato valvar mitral, podendo haver envolvimento concomitante da valva tricúspide em 20 a 40% dos casos. Segundo Robbins *et al* (2005), a alteração anatômica característica é um abaulamento (balonização) de um ou de ambos os folhetos mitrais, ou parte deles, para dentro do AE durante a sístole.

Ainda em relação aos folhetos, o posterior é, em geral, mais afetado que o anterior e frequentemente se encontram aumentados, redundantes, espessos e elásticos. Além desses, o anel valvar mitral dilatado é um achado característico, incomum em outras causas de insuficiência mitral.

Já as cordoalhas tendíneas podem apresentar-se alongadas, adelgaçadas e às vezes rompidas. Essa alteração acontece devido ao enfraquecimento da camada fibrosa, a qual confere integridade estrutural ao folheto, e espessamento focal da camada esponjosa com deposição de material mucoide (mixomatoso), causando ou contribuindo para que a regurgitação aconteça.

Os músculos papilares também sobrem um estresse excessivo, fazendo com que haja disfunção e isquemia dessas estruturas e do miocárdio subjacente, ocasionando alterações eletrocardiográficas e arritmias ventriculares.

Todos esses fatores causam, ou contribuem, para que a regurgitação mitral aconteça e sua severidade depende do grau de prolapso presente.

ETIOLOGIA

Esta valvopatia normalmente não está relacionada a outras doenças e pode ser hereditária, transmitida por traço autossômico dominante, ou não-hereditária, sendo, na maioria das pessoas, de etiologia desconhecida. Atualmente a hipótese mais aceita é a de que o tecido conectivo, entre os folhetos e as estruturas associadas, apresenta um defeito de desenvolvimento subjacente, possivelmente sistêmico. Devido a isso, mínimos defeitos em proteínas estruturais podem predispor esse tecido a danos, causados por estresse hemodinâmico de longa duração.

QUADRO CLÍNICO

A maioria dos pacientes acometidos pelo PVM são assintomáticos e assim permanecem durante toda a vida, sendo sua descoberta casual, a partir de um exame físico de rotina.

Os sinais e sintomas mais frequentes incluem palpitações, fadiga, dor torácica atípica, dispneia, alterações ortostáticas, manifestações psiquiátricas como depressão, reações ansiosas, distúrbios de personalidade; síncope, pré-síncope, enxaqueca, disfunção autônoma, excreção aumentada de norepinefrina e epinefrina circulantes causando vasoconstrição excessiva e taquicardia ortostática.

Esta é uma afecção benigna que pode evoluir para um estágio mais grave, acometendo aproximadamente 3% da população com uma das quatro complicações seguintes:

1) endocardite infecciosa;
2) insuficiência mitral;
3) acidente vascular cerebral ou outro tipo de infarto sistêmico;
4) arritmias.

A morte súbita é bastante rara, ocorrendo geralmente por arritmia.

São características do exame físico:

• Baixo peso;
• Astenia;
• Pressão arterial reduzida;
• Hipotensão ortostática;
• Redução do diâmetro ântero-posterior do tórax;
• Escoliose;
• *Pectus escavatum*.

Na ausculta cardíaca o achado mais comum é o clique meso ou telessistólico (não-ejetivo) que ocorre 0,14s, ou mais, depois da primeira bulha. Pode ser diferenciado do clique sistólico de ejeção, pois ocorre depois de iniciar o pulso carotídeo mais forte. Este pode ser seguido por um sopro sistólico tardio de alta frequência em crescendo-decrescendo, melhor auscultado no ápice. Há casos em que podem estar presentes isoladamente, ou ambos estarem ausentes, e, ainda, alternarem essas possibilidades em exames sequenciais. Existem, ademais, outros quadros como o prolapso da valva tricúspide, o aneurisma septal atrial, as causas extracardíacas, as quais podem igualmente gerar um clique mesossistólico, necessitando, portanto, ser realizado o diagnóstico diferencial com essas patologias.

A manobra de Valsalva e a posição ortostática reduzem o enchimento ventricular, aproximando o clique da primeira bulha, auxiliando, assim, a ausculta.

ELETROCARDIOGRAMA

Pode apresentar-se normal em aproximadamente 60% dos casos, situação comum em pacientes assintomáticos. Já nos pacientes que apresentam alterações, o exame pode mostrar ondas T bifásicas e invertidas.

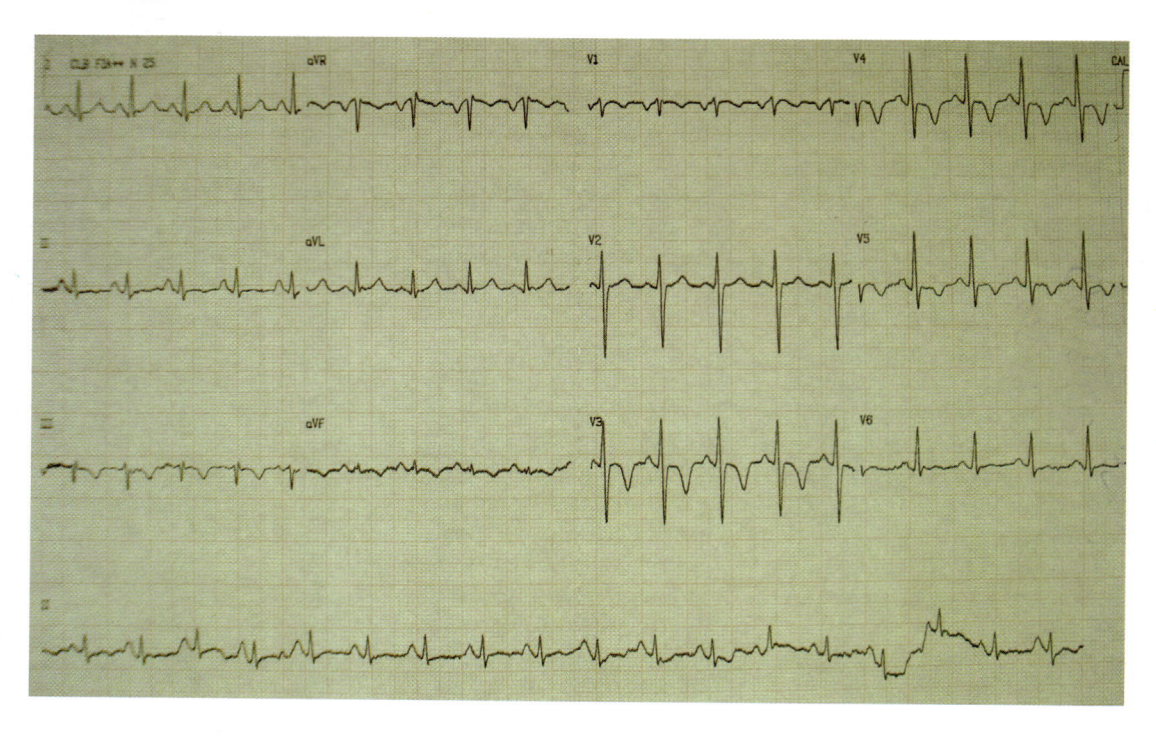

LAUDO

Taquicardia sinusal, FC 125 bpm, aumento biatrial, sinais de sobrecarga ventricular direita.

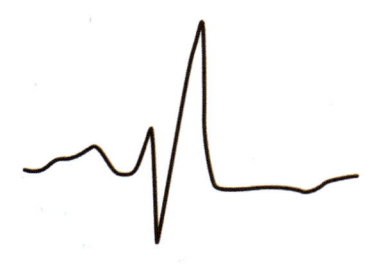

DESCRIÇÃO

A taquicardia sinusal é diagnosticada quando a frequência cardíaca é superior a 100 bpm. O aumento, de ambos os átrios, é observado na onda P, que se encontra apiculada e com voltagem superior a 1 mV, e com duração superior a 10 mseg. Os sinais de sobrecarga ventricular direita apresentam-se na onda R que surge precocemente em V2, bem como as alterações de onda T em V2-V4 (inversão).

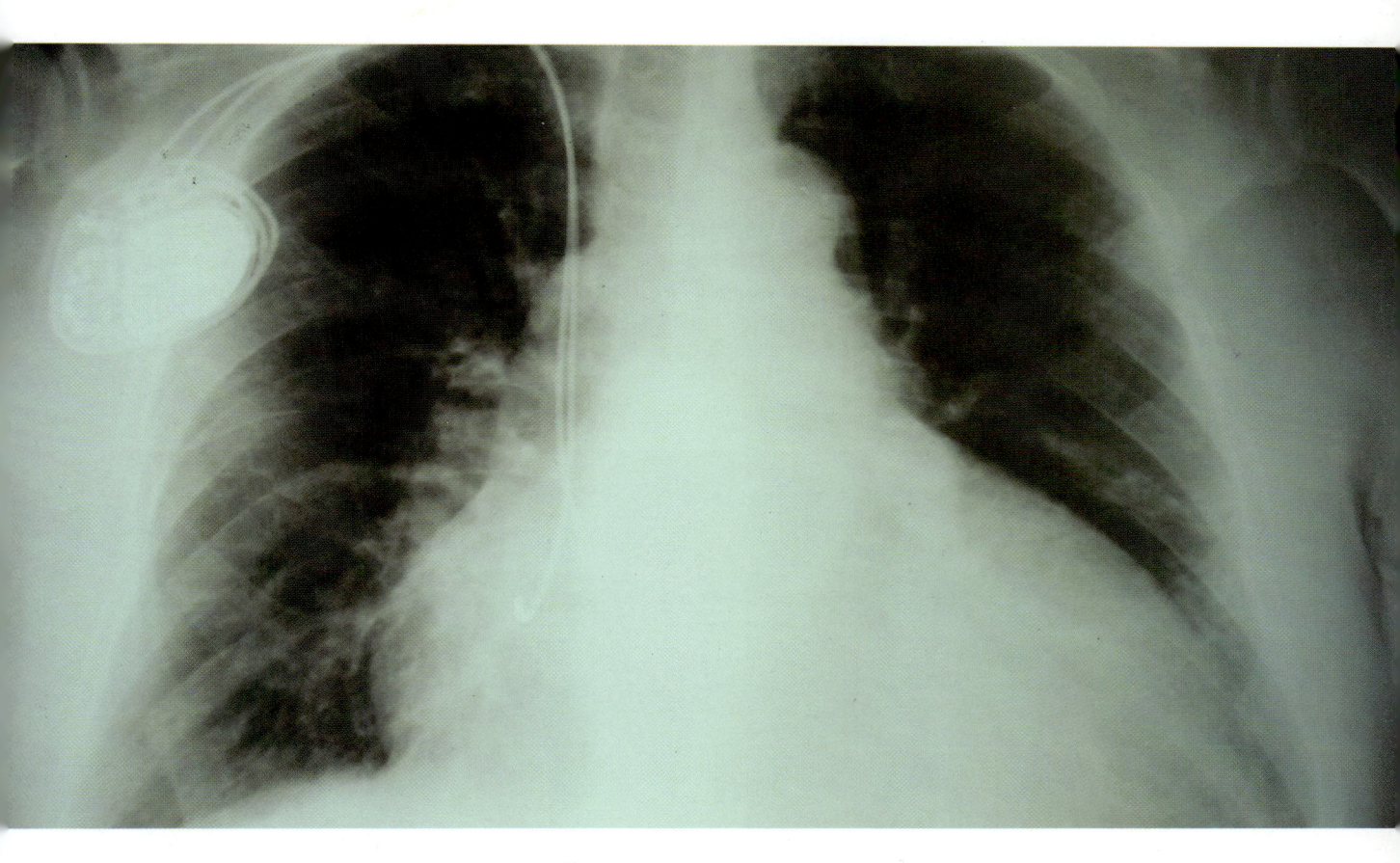

LAUDO

Aumento das cavidades esquerdas. Aumento das cavidades direitas. Aumento do tronco arterial pulmonar.

DESCRIÇÃO

O aumento das cavidades esquerdas é observado pelo aumento lateral inferior da borda esquerda do ventrículo em direção ao ângulo costofrênico e pelo aumento do átrio esquerdo, observado pela horizontalização do brônquio-fonte esquerdo. O aumento das cavidades direitas é decorrente do aumento do ventrículo direito, que gera um deslocamento superior do terço médio da silhueta esquerda da sombra cardíaca, associado ao aumento do átrio direito, observado pelo deslocamento para a direita da borda inferior direita da sombra cardíaca. O aumento do tronco arterial pulmonar é evidenciado pela redução da janela aorto-pulmonar e pelo aumento do mediastino.

ECOCARDIOGRAFIA

É preferencialmente utilizada tanto para a detecção de PVM – podendo acontecer mesmo na ausência de achados no exame físico –, quanto para estabelecer o diagnóstico diferencial. O padrão diagnóstico é o ecocardiograma bidimensional, o qual pode definir se há deslocamento sistólico de um ou ambos os folhetos valvares, por 2 mm ou mais, para dentro do AE, além do anel mitral, critério maior para ser considerado PVM. Pode-se utilizar o Doppler a cores para mostrar a magnitude da regurgitação.

Achados como aumento e redundância de folhetos, alongamento de cordoalhas e dilatação anular selecionam os pacientes em um grupo no qual são maiores as chances de desenvolver endocardite infecciosa.

A ecocardiografia transesofágica é realizada quando se deseja detalhar informações a respeito do aparelho valvar mitral e VE.

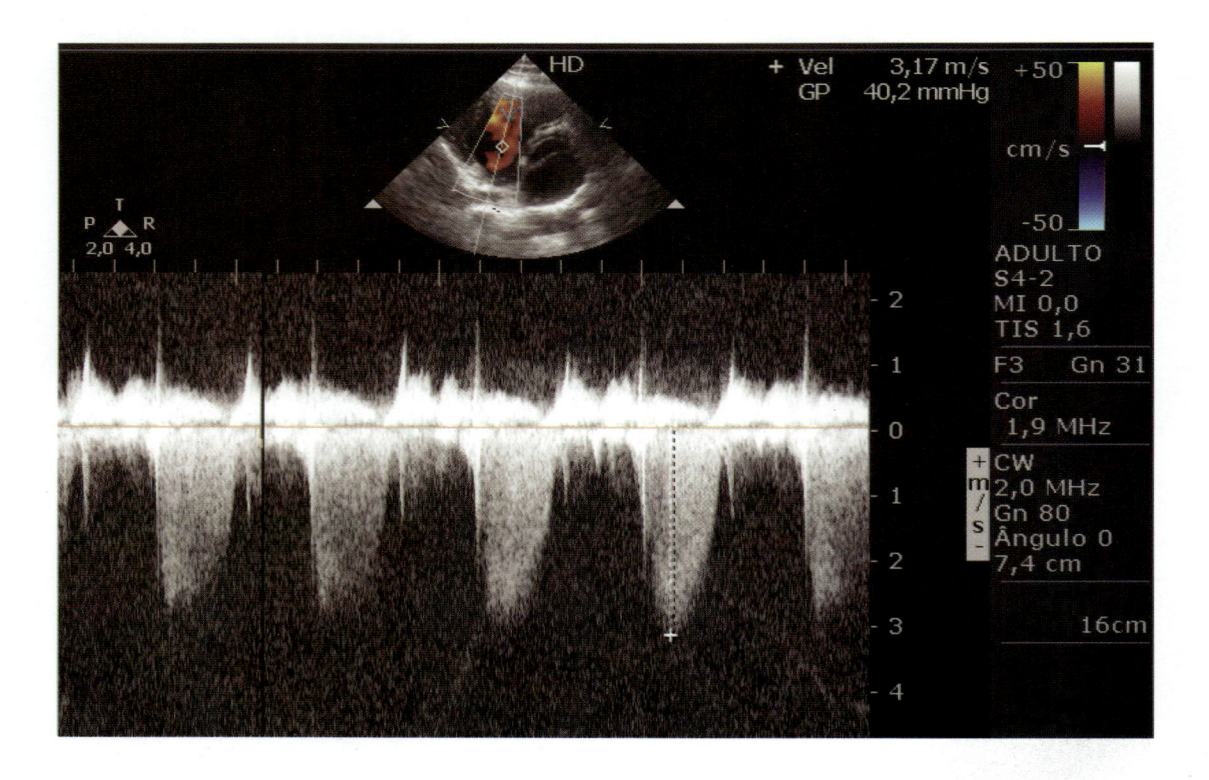

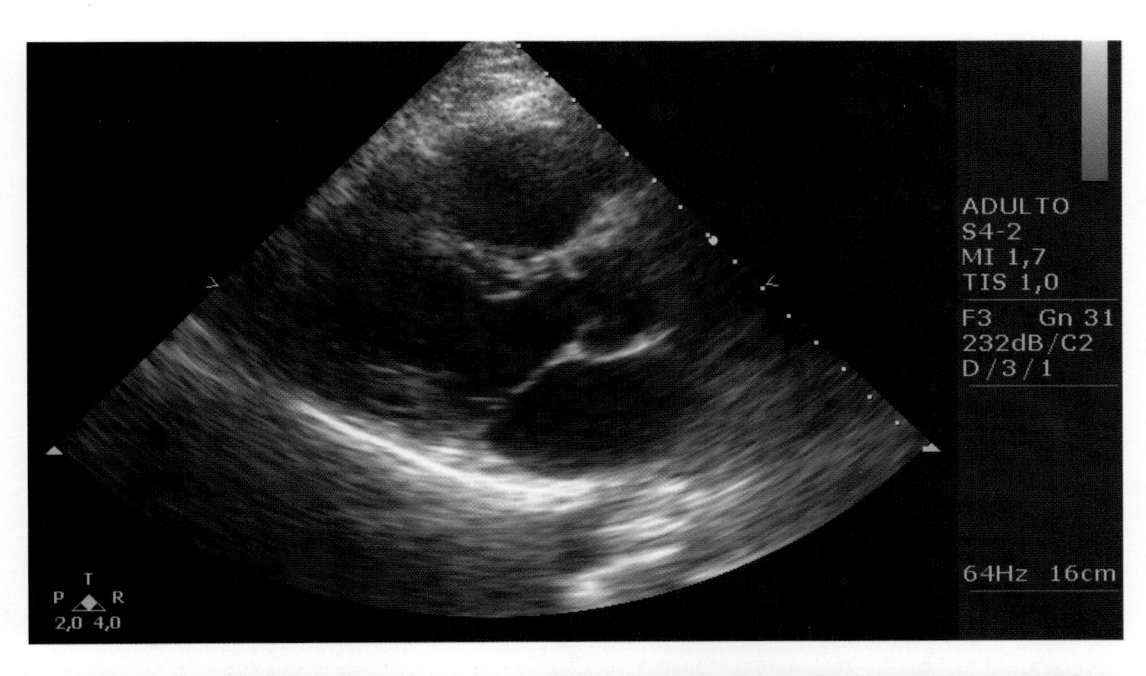

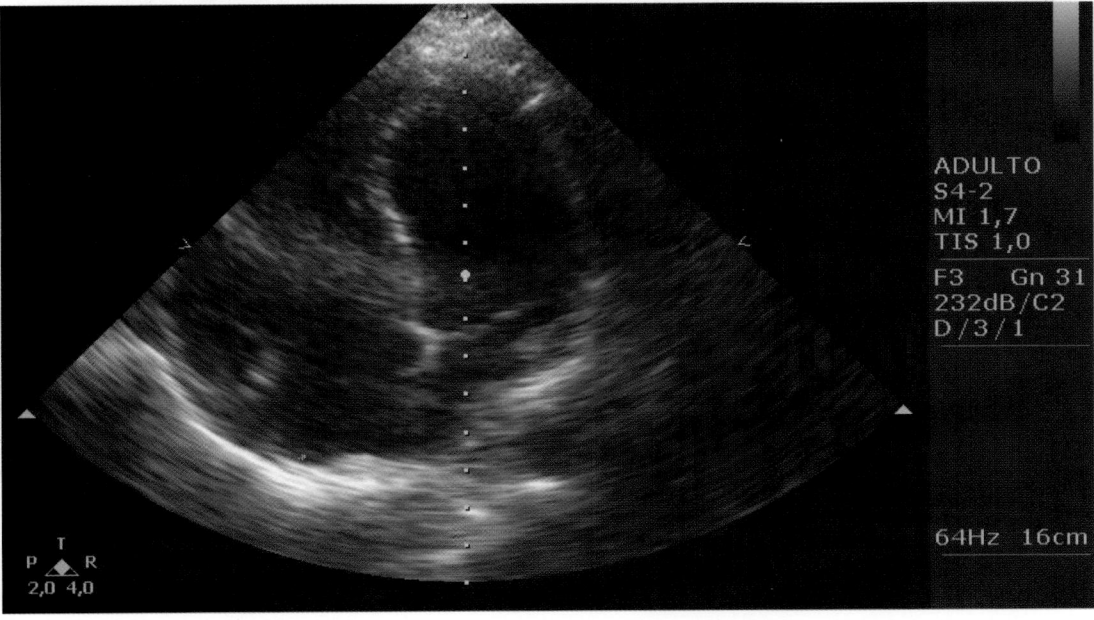

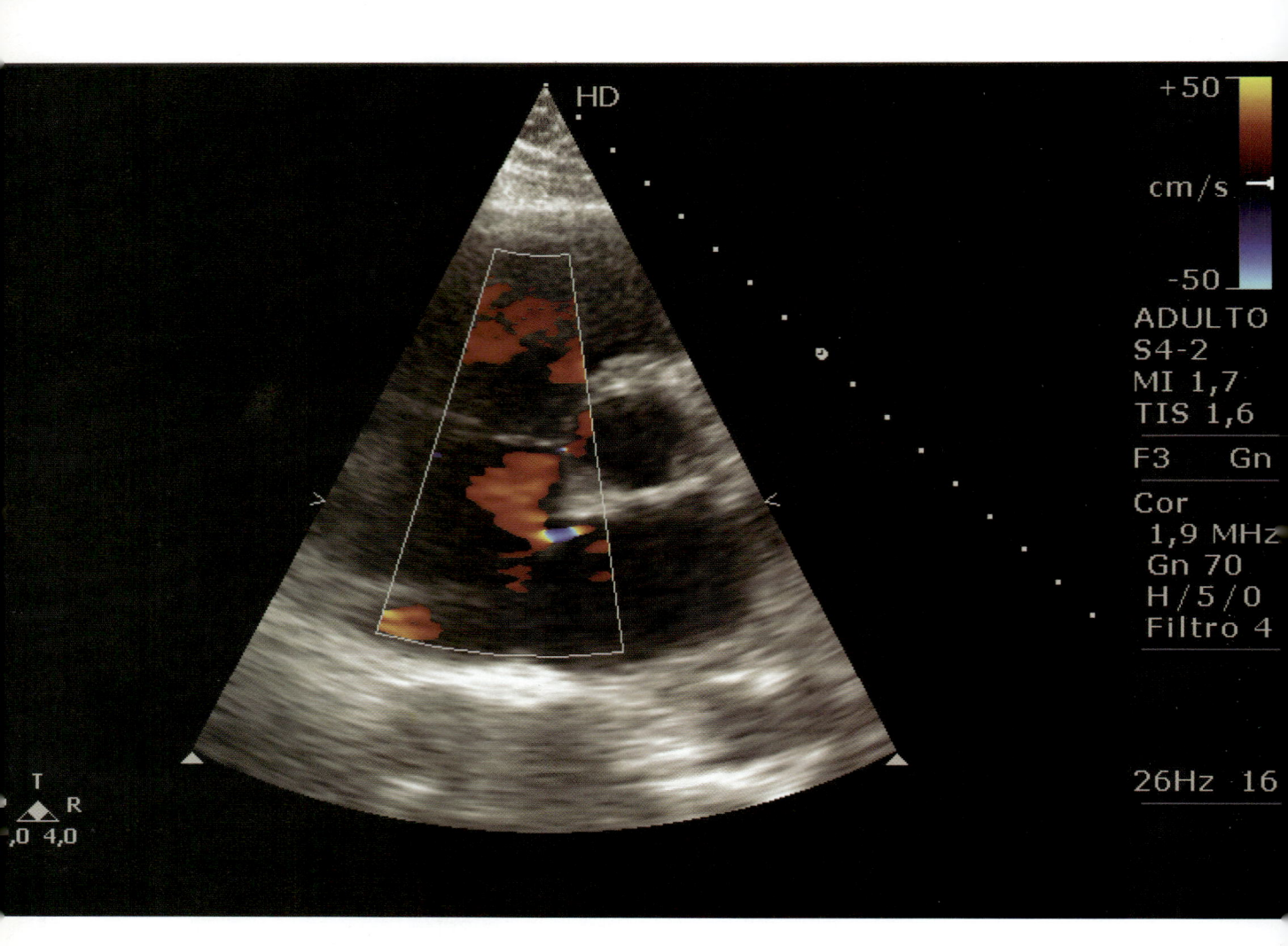

LAUDO

Prolapso da valva mitral sem displasia. Insuficiência mitral moderada. Disfunção diastólica tipo relaxamento alterado. Comunicação interatrial tipo *ostium secundum*. Aumento das cavidades direitas. Hipertensão arterial pulmonar moderada.

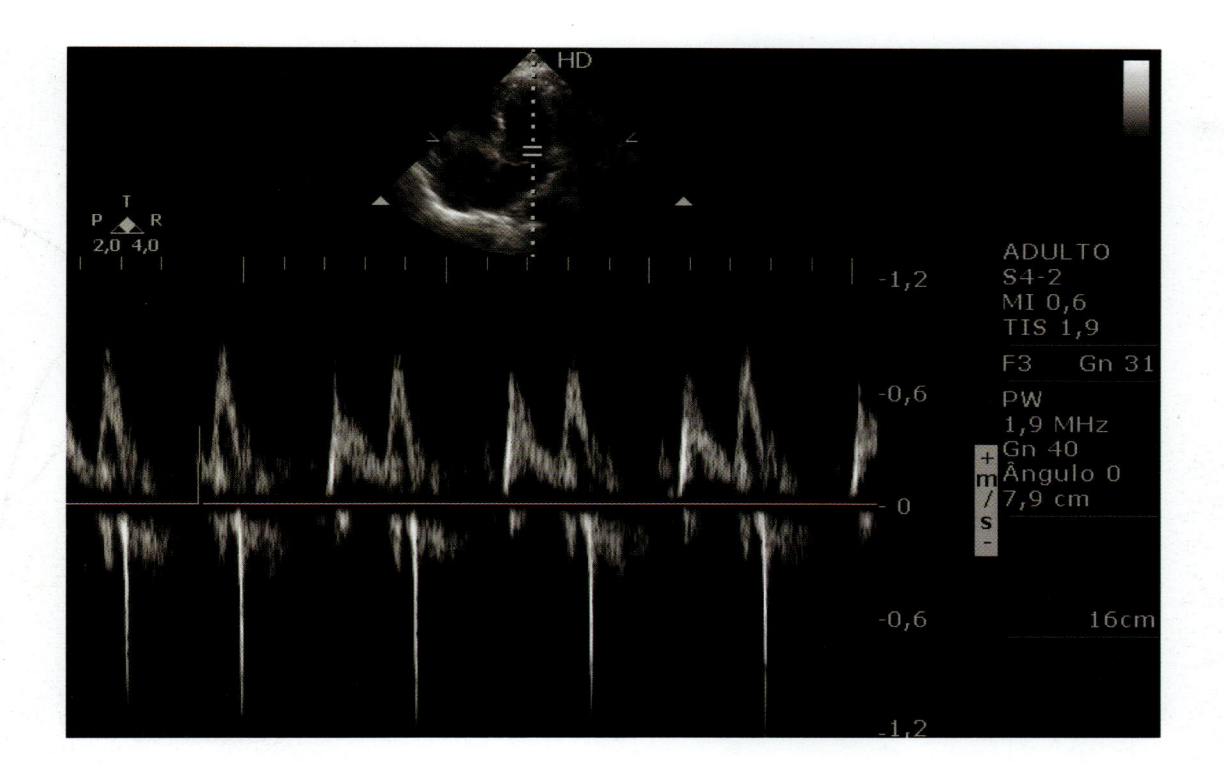

DESCRIÇÃO

O prolapso de valva mitral é observado junto ao folheto posterior desta, que durante a sístole ultrapassa o ponto ideal de coaptação, gerando um déficit de coaptação com consequente regurgitação mitral. A disfunção diastólica do tipo relaxamento alterado é evidenciado, no Doppler, pela onda A mais alta que a onda E. As cavidades direitas aumenta-das estão evidentes na imagem bidimensional apical de quatro câmaras, na qual se nota um expressivo aumento da cavidade do ventrículo direito e do átrio direito. O aumento do pressão da artéria pulmonar é medido junto à imagem Doppler contínua do refluxo da valva tricúspide. A medida máxima da velocidade das hemácias regurgitantes elevada ao quadrado permite uma estimativa da pressão sistólica da artéria pulmonar. A comunicação interatrial pode ser observado pela perda de solução de continuidade da parede septal atrial. Este déficit de continuidade permite que o sangue do átrio esquerdo se desloque anormalmente para o átrio direito, devido a diferença de pressão entre eles.

ANGIOGRAFIA

Não é um exame recomendado para diagnosticar PVM. Se realizado por outras indicações, pode mostrar prolapso do folheto posterior e algumas vezes de ambos os folhetos. Algumas características comuns do VE nessa valvopatia podem estar presentes, entretanto, sua maior contribuição está na medida da extensão do tecido da valva mitral inferior e posteriormente ao ponto de junção do folheto ao anel mitral.

RESSONÂNCIA MAGNÉTICA E TOMOGRAFIA COMPUTADORIZADA

Esses exames podem auxiliar na determinação do grau de PVM e da função ventricular esquerda em pacientes que a ecocardiografia não mostrou resultados claros, sendo a tomografia útil na evolução de pacientes com regurgitação mitral severa.

TESTE DE ESFORÇO

Esse teste pode agravar ou precipitar a irritabilidade cardíaca desses pacientes, apresentando fadiga e sinais musculoesqueléticos.

TRATAMENTO

Em pacientes assintomáticos está indiciado o tratamento conservador e *follow-up* com exames de ecocardiograma bidimensional e Doppler a cores a cada três a cinco anos, pois não possuem risco maior que o da população normal. A esse procedimento também devem ser submetidos os seus familiares em primeiro grau.

Para os que possuem sinais clínicos como clique e sopro sistólico e aspectos ecocardiográficos típicos, não se recomenda a profilaxia de endocardite, se diferenciado da conduta de pacientes assintomáticos apenas pela maior frequência na realização dos exames citados acima, os quais devem ser realizados anualmente.

Pacientes que possuem intercorrências clínicas, como palpitações secundárias e arritmias, devem ser tratadas com betabloqueadores, incluindo a dor torácica atípica, tratada com esses medicamentos de forma empírica. Aos pacientes acometidos por um evento neurológico focal e sem outras queixas, deve ser prescrita aspirina. Já os que são sintomáticos, devido a uma insuficiência mitral intensa, devem ser tratados com restauração (anuloplastia) ou substituição de valva, apesar de a anuloplastia ser mais limitada.

PROGNÓSTICO

A taxa de morte operatória é de 2 a 3% e estudos demonstram excelente durabilidade da restauração da valva mitral. Nos pacientes que apresentem recorrência é necessário realizar a substituição da valva. Entretanto, na maioria das vezes, essa condição benigna requer apenas observação e orientação do paciente.

REFERÊNCIAS

BRAUNWALD, E. *et al. Braunwald's heart disease: a textbook of cardiovascular medicine.* 8ª ed. Philadelphia: Saunders Elsevier, 2007.

FAUCI, A. S.; HARRISON, T. R. *Harrison: medicina interna.* 14ª ed. New York: McGraw-Hill, 1998. v. 2.

LOPES, Antonio Carlos. *Tratado de clínica médica.* São Paulo: Roca, 2006. v. 3.

PLUM, Fred; BENNETT, J. Claude. *Cecil: textbook of medicine.* 20ª ed. Philadelphia: Saunders, 1996.

ROBBINS, S. L. *et al. Robbins e Cotran: patologia – bases patológicas das doenças.* 7ª ed. Rio de Janeiro: Saunders Elsevier, 2005.

CAPÍTULO 12

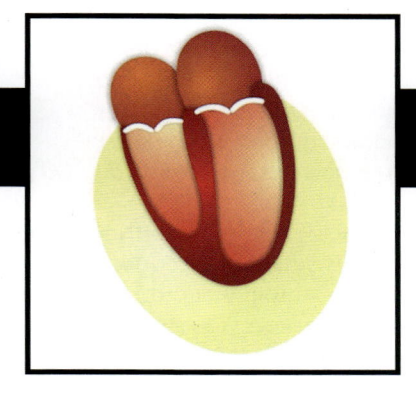

PERICARDITE AGUDA
EDUARDO MAFFINI DA ROSA
CAMILA VIECCELI
EDNA DE FREITAS LOPES

A estrutura cardíaca se mantém preservada, salvo o depósito de conteúdo líquido no espaço pericárdico, ocasionando uma separação dos pericárdios visceral e parietal. Os átrios podem ficar comprimidos quando a pressão dentro da cavidade pericárdica é aumentada.

PERICARDITE AGUDA

Eduardo Maffini da Rosa
Camila Viecceli
Edna de Freitas Lopes

EPIDEMIOLOGIA

A pericardite aguda deriva a sua importância não a partir de uma grande prevalência geral, mas sim a partir do seu lugar no diagnóstico diferencial de dor torácica, seus muitos correlatos, bem como a sua enorme lista de etiologias.

Sua incidência é desconhecida, pois seu curso frequentemente é autolimitado ou faz parte de um processo sistêmico. É detectada em 0,1% das admissões hospitalares (1:1.000) e em 5% dos pacientes (50:1.000) que procuram atendimento em serviços de emergência por dor torácica não relacionada a infarto agudo do miocárdio (IAM). É mais comum em homens do que em mulheres e em adultos que em crianças.

DEFINIÇÃO

A pericardite aguda é uma síndrome clínica causada pela inflamação dos folhetos pericárdicos, caracterizada por dor torácica, alterações eletrocardiográficas seriadas, podendo ainda apresentar atrito pericárdico.

MECANISMOS FISIOLÓGICOS

O PERICÁRDIO

O pericárdio é um saco que envolve o coração, sendo formado por dois folhetos: um externo fibroso (pericárdio parietal) e um interno seroso (pericárdio visceral). Contém de 15 a 50 ml de um líquido claro, do tipo ultrafiltrado plasmático, rico em fosfolipídeos que atuam como lubrificante reduzindo o atrito entre os folhetos pericárdicos. Acredita-se que o pericárdio visceral seja a fonte do líquido pericárdio normal e do produzido em excesso nos casos patológicos.

O pericárdio parece produzir prostaglandinas, em resposta ao estímulo fisiológico, que podem modular a estimulação simpática cardíaca eferente alterando as propriedades eletrofisiológicas cardíacas. Porém, ainda não são conhecidas as implicações clínicas desse potencial efeito regulador do pericárdio na condução elétrica.

As principais funções do pericárdio são:

• Fixação do coração;
• Redução do atrito entre o coração e os órgãos intratorácicos adjacentes;
• Barreira contra infecções e doenças tumorais;
• Distribuição das forças hidrostáticas durante o ciclo cardíaco;
• Prevenção da dilatação aguda na diástole.

FISIOPATOLOGIA DA PERICARDITE AGUDA

Na maioria dos casos o pericárdio é agudamente inflamado e as alterações patológicas apresentadas são as da inflamação aguda: presença de polimorfonucleares, aumento da vascularização pericárdica e deposição de fibrina, podendo ainda apresentar um derrame seroso ou hemorrágico. A inflamação pode envolver o miocárdio superficialmente e aderências fibrinosas podem se formar entre o pericárdio e o epicárdio e entre o pericárdio e o esterno e a pleura adjacentes. O pericárdio visceral pode reagir à lesão aguda pela exsudação de fluido.

Na patogenia viral encontramos um processo bimodal, com estágio inicial caracterizado pela replicação viral e um estágio tardio no qual se verifica infiltração linfocitária e necrose celular devido ao processo autoimune.

Pericardite granulomatosa ocorre na tuberculose, infecções fúngicas, artrite reumatoide e sarcoidose.

CAUSAS

A incidência de tipos específicos varia de instituição para instituição, porém a forma idiopática ainda permanece como a mais frequente (26 a 86%), principalmente em pacientes ambulatoriais, enquanto as causas viral, bacteriana, urêmica, pós-IAM, neoplásica e por trauma são mais frequentes em hospitais terciários.

As principais causas de pericardite aguda estão listadas no quadro ao lado:

Quadro 4. Principais causas de pericardite aguda

Idiopática
Infecções virais: vírus *Coxsackie* A e B, echovírus, adenovírus, vírus da caxumba, mononucleose infecciosa, varicela, hepatite B, HIV
Tuberculose
Infecção bacteriana aguda: pneumococos, estafilococos, estreptococos, septicemia por Gram-negativos, *Neisseria gonorrhoeae*, *Legionella pneumophila*
Infecções fúngicas: histoplasmose, coccidioidomicose, *Candida sp.*, blastomicose
Outras infecções: toxoplasmose, amebíase, micoplasma, *Norcadia*, actinomicose, equinococose, doença de Lyme
IAM
Uremia: uremia não-tratada em associação com hemodiálise
Doenças neoplásicas: câncer de pulmão e de mama, leucemia, doença de Hodgkin
Radiação
Doenças autoimunes: febre reumática, lúpus eritematoso sistêmico, artrite reumatoide, esclerodermia, doença mista do tecido conjuntivo, granulomatose de Wegener, poliarterite nodosa
Outros distúrbios inflamatórios: sarcoidose, amiloidose, doença inflamatória intestinal, doença de Wipple, arterite temporal, doença de Behçet
Drogas: hidralazina, procainamida, fenitoína, isoniazida, fenilbutazona, dantroleno, doxorrubicina, metisergida, penicilina (com hipereosinofilia)
Traumas: incluindo traumas torácicos, hemopericárdio subsequente a cirurgias torácicas, procedimentos diagnósticos cardíacos, ruptura esofágica, fístula pancreático-pericárdica
Síndromes de lesões pericárdicas pós-miocárdicas retardadas (síndromes pós-injúrias): síndrome de Dressler (subsequente ao IAM), síndrome pós-pericardiotomia
Aneurisma dissecante da aorta
Mixedema
Quilopericárdio

QUADRO CLÍNICO

CLÍNICA

Dor torácica frequentemente é a queixa principal de pacientes com pericardite aguda, apresentando caráter e localização variáveis, podendo durar horas ou dias.

Em geral, a dor é retroesternal ou precordial esquerda, podendo irradiar para a borda do músculo trapézio esquerdo e pescoço. Ocasionalmente pode localizar-se no epigastro, mimetizando um abdome agudo, ou ter característica de peso ou opressão com irradiação para o braço esquerdo, semelhante à dor isquêmica do IAM. Pode ser exacerbada pelo decúbito dorsal, tosse, inspiração profunda (dor pleurítica) e deglutição, sendo aliviada pela posição sentada com o tórax inclinado para frente.

A dor pode originar-se da inflamação do pericárdio e da pleura adjacente, explicando a natureza pleurítica do desconforto. A dor também pode ser provocada pela distensão do saco pericárdico devido à presença de líquido intrapericárdico.

Com frequência ocorrem pródromos caracterizados por mal-estar generalizado, febre, mialgia e artralgia. A pericardite aguda também pode causar dispneia, devido à necessidade do paciente respirar superficialmente por causa da dor, que pode ser agravada pela febre e compressão de estruturas pulmonares por efusão pericárdica.

A avaliação deve ainda considerar distúrbios que são conhecidos por envolver o pericárdio, como a uremia, o IAM recente e cirurgia cardíaca prévia. Devemos também atentar para outros sintomas que nos dão indícios da existência de doença de base e da etiologia causadora do quadro, como tosse, produtiva ou não, e perda de peso.

Na etiologia viral a pericardite pode surgir após uma infecção das vias aéreas superiores, apresentando um quadro de dor torácica, dispneia e febre. A pericardite por tuberculose tem início insidioso, estando associada a sintomas inespecíficos como febre, mal-estar, anorexia e fraqueza.

EXAME FÍSICO

O atrito pericárdico é o achado patognomônico de pericardite aguda, sendo caracterizado como um ruído desarmônico, evanescente, que muda de um exame para o outro e com a posição do paciente. Pode ser identificado em qualquer área de ausculta e aumenta de intensidade durante a inspiração, sua detecção é auxiliada pela ausculta com o diafragma do estetoscópio firmemente aplicado ao tórax, na borda esternal esquerda baixa, com o paciente sentado e inclinado para frente.

O atrito pericárdico é descrito classicamente como tendo três componentes, que estão relacionados ao movimento cardíaco durante:

1) A sístole atrial (pré-sístole): presente em 70% dos casos;
2) A sístole ventricular: é o mais alto e o mais facilmente audível, presente em quase todos os casos;
3) O enchimento ventricular rápido na diástole inicial: é detectado em menos de 60% dos casos, podendo ser encoberto pela contração atrial, resultando em um atrito bifásico do tipo "para frente e para trás".

O encontro dos três componentes só ocorre raramente e com frequência ocorrem pericardites sem atrito pericárdico. O atrito com um único componente pode ser confundido com um sopro sistólico ou regurgitação mitral ou tricúspide.

COMPLICAÇÕES

• Propagação da inflamação do miocárdio;
• Tamponamento cardíaco;
• Pericardite constritiva causada pelo endurecimento da cicatriz gerada pela cura da pericardite;
• Cistos inflamatórios são raros e geralmente silenciosos. Cistos congênitos são mais comuns;
• Episódios recorrentes de inflamação pericárdica.

EXAMES

ELETROCARDIOGRAFIA

O diagnóstico eletrocardiográfico é feito pela presença seriada de quatro estágios de anormalidades no segmento ST e ondas T, conforme descrito abaixo. Acredita-se que essas alterações sejam relacionadas a uma tendência real à lesão causada pela inflamação miocárdica superficial ou lesão epicárdica.

• *Estágio I:* em geral acompanha o início da dor, apresentando elevação do segmento ST, com concavidade voltada para cima em todas as derivações, exceto V1 e aVR, em geral isoelétrico em derivações precordiais médias e supradesnivelado nas derivações precordiais laterais. As ondas T podem ser altas e pontiagudas, positivas nas derivações com supradesnível do segmento ST. Depressão do segmento PR é altamente específico, mas pouco sensível, ocorrendo em cerca de 80% dos pacientes.

• *Estágio II:* ocorre alguns dias após, mostra retorno do segmento ST à linha de base, acompanhando achatamento das ondas T. Em alguns casos pode ocorrer depressão do segmento PR, achado muito sugestivo de pericardite aguda, apesar de ocorrer em outras situações raras, como no infarto atrial.

• *Estágio III:* inversão das ondas T na maioria das derivações, o vetor se torna oposto ao do segmento ST, sem perda de voltagem de R e sem presença de Q.

• *Estágio IV:* a onda T volta ao normal, o que ocorre em semanas ou meses, mas dependendo da etiologia da pericardite a onda T pode ficar invertida por grande período de tempo (mesmo após o desaparecimento dos sintomas) sem indicar persistência da doença pericárdica.

As anormalidades eletrocardiográficas aparecem em cerca de 90% dos casos e o achado de alterações típicas do estágio I, ou uma evolução clássica de todos os quatro estágios, podem ser diagnósticas mesmo quando outros achados clínicos de pericardite são enganosos.

Bloqueio atrioventricular, bloqueio de ramo e arritmias ventriculares sugerem a presença de outra doença cardíaca concomitante, pois não são características da pericardite aguda, a não ser em envolvimento miocárdico muito acentuado.

As alterações do estágio I devem ser diferenciadas da variante eletrocardiográfica de repolarização precoce normal, que, em geral, ocorre em homens jovens, sem dor torácica e dispneia. Neste caso, o ECG não mostra padrão de retorno dos segmentos ST à linha de base, seguido de inversão da onda T. Uma relação S-T-T > 0,25 na derivação V6 parece diferenciar os pacientes com pericardite aguda dos que apresentam variante normal de repolarização precoce.

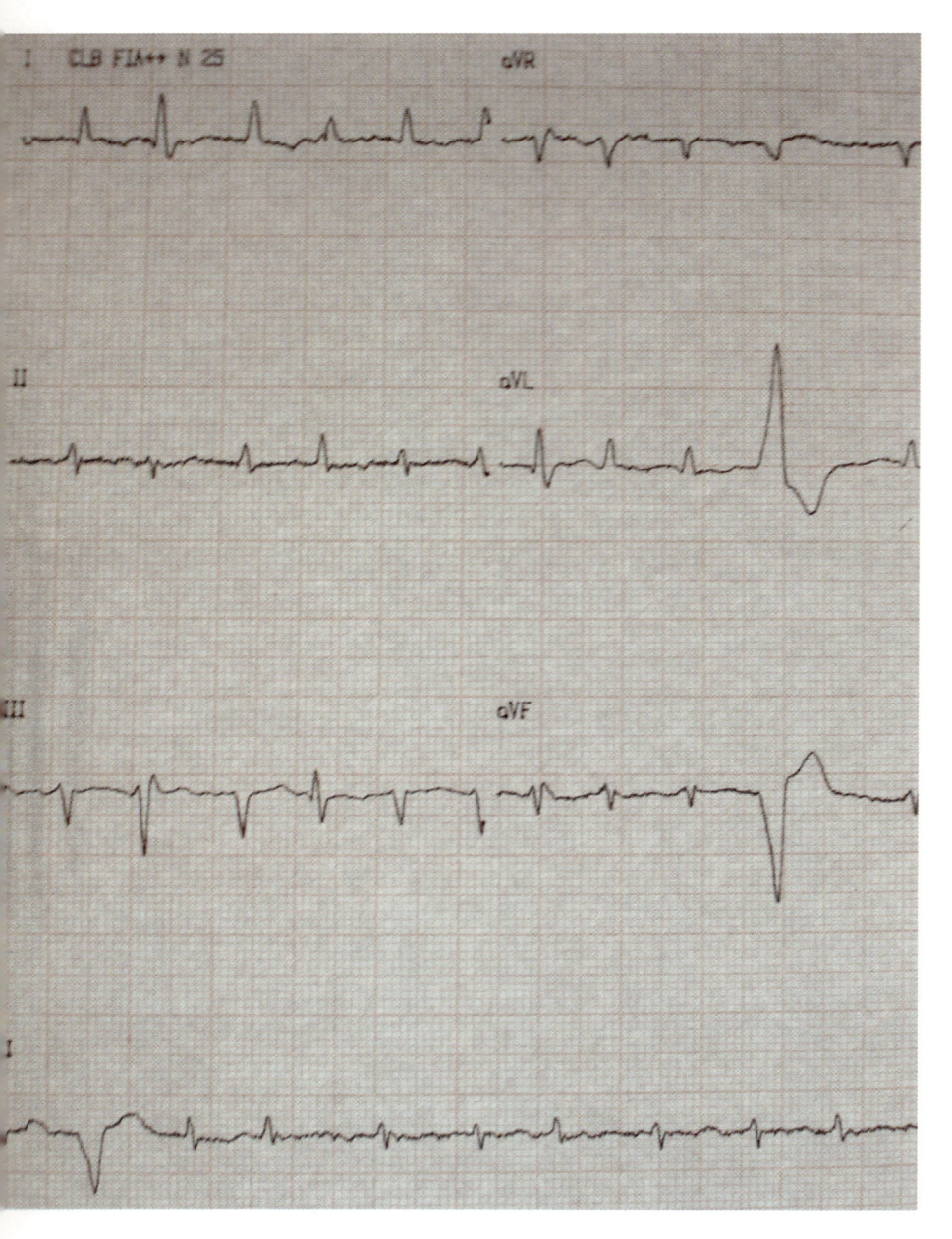

LAUDO

Ritmo sinusal. FC 90 bpm. Baixa voltagem dos complexos. Extrassístoles ventriculares isoladas.

DESCRIÇÃO

A baixa voltagem é observada pela redução da amplitude dos complexos QRS, em praticamente todas as derivações. Isto ocorre porque o derrame se interpõe ao redor do coração, deixando-o mais distante dos eletrodos que captam o sinal.

RADIOGRAFIA DE TÓRAX

É bastante inespecífico, pois a área cardíaca estará normal em derrames < 250 ml, sendo, portanto, de pouco valor diagnóstico na pericardite aguda não-complicada. Na pericardite complicada pelo aparecimento de grande efusão pericárdica a radiografia pode mostrar aumento e mudanças na silhueta cardíaca e sinais indicativos da etiologia, como, por exemplo, na pericardite aguda secundária à tuberculose ou à malignidade. As efusões pleurais estão presentes em aproximadamente um quarto dos pacientes sendo, geralmente, localizadas no lado esquerdo, ao contrário das efusões relacionadas à insuficiência cardíaca, que mais comumente estarão localizadas no lado direito.

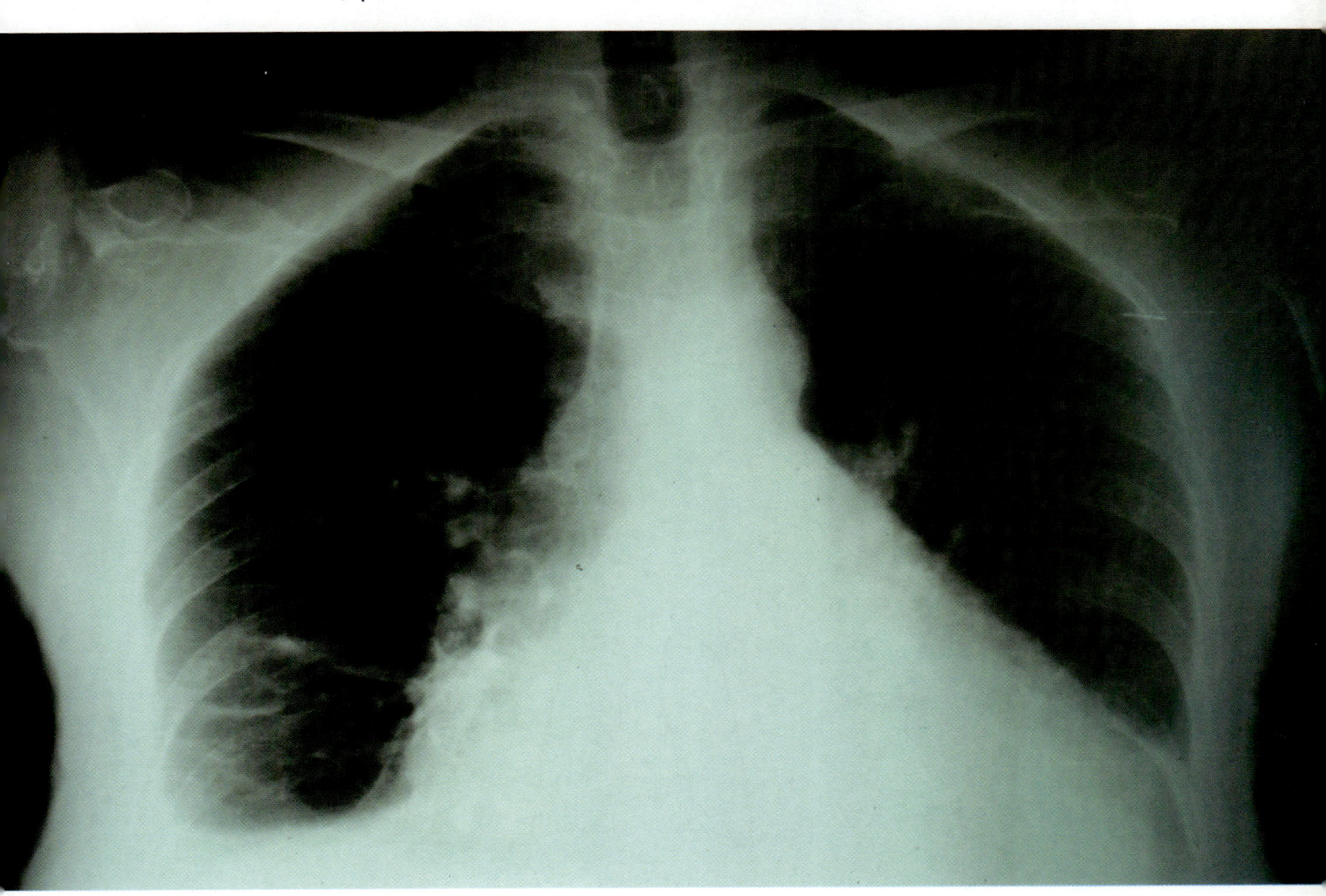

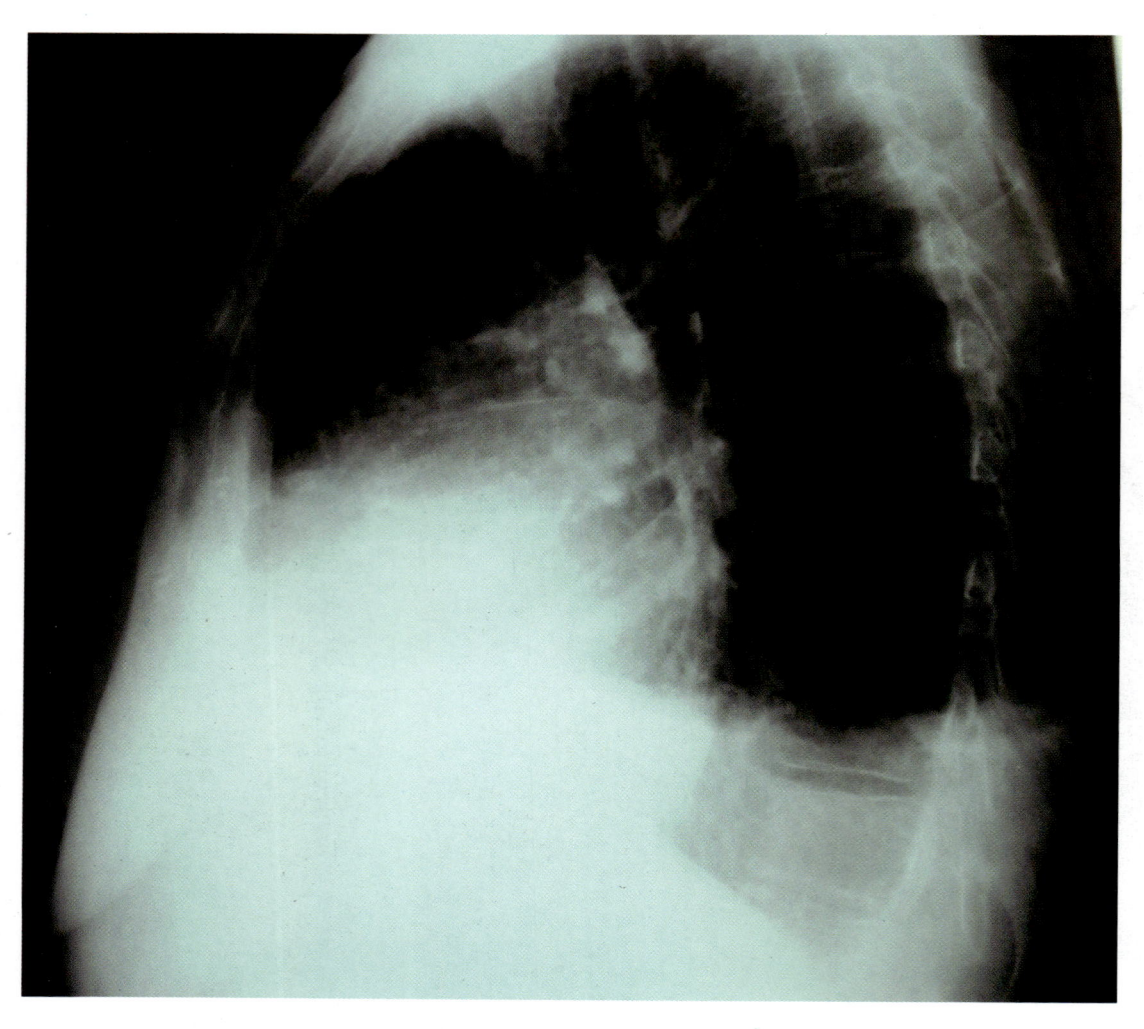

LAUDO

Aumento global da área cardíaca.

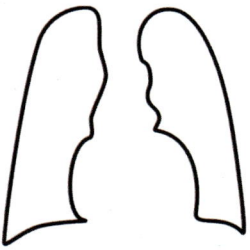

DESCRIÇÃO

O derrame, ao ocupar a cavidade
pericárdica, afasta o pericárdio
dos contornos cardíacos, de tal
modo que a área cardíaca fica
aumentada e com contornos
lisos.

ECOCARDIOGRAMA

É útil para detectar derrames pericárdicos, mesmo pequenos, sendo a mais precisa e sensível ferramenta para sua detecção e quantificação. Não é exame diagnóstico, portanto um exame normal não exclui o diagnóstico de pericardite aguda, pois existem pericardites secas e derrames pericárdicos de outras etiologias que não apresentarão processo inflamatório.

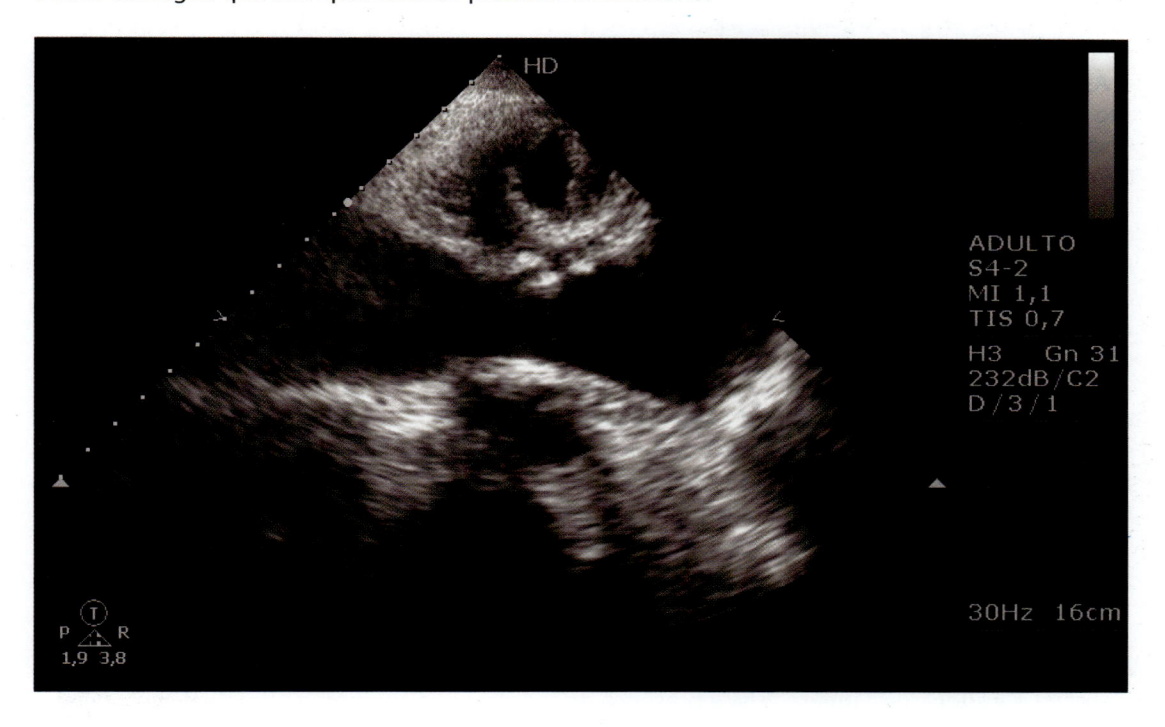

LAUDO

Derrame pericárdico moderado.

DESCRIÇÃO

A presença de derrame pericárdico é facilmente detectável no exame ecocardiográfico, no qual irá se apresentar como um espaço escuro separando os pericárdios visceral e parietal.

Os pericárdios visceral e parietal, em um exame normal, são vistos como uma estrutura única.

No espaço secundário ao distanciamento entre os pericárdios pode ser observado conteúdos patológicos conforme a etiologia do derrame, ou seja, coágulos no caso de um derrame hemorrágico, depósitos de fibrina no caso de derrames inflamatórios.

LABORATORIAIS

A pericardite aguda, em geral, associa-se a indicadores inespecíficos de inflamação, como elevação da velocidade de hemossedimentação, leucocitose com ou sem linfocitose.

As enzimas cardíacas em geral são normais, porém, podemos encontrar ligeiro aumento da CKMB na presença de inflamação epicárdica com significante comprometimento muscular. Estas situações são raras, mas às vezes não permitem o diagnóstico diferencial com as síndromes coronarianas agudas.

Com base na história e no exame físico, podem ser necessários testes diagnósticos para possíveis doenças sistêmicas, tais como:

- Teste cutâneo de tuberculina na suspeita de etiologia tuberculosa;
- Hemocultura para excluir bacteremia e endocardite infecciosa associada;
- Culturas da orofaringe, urina e fezes na suspeita de etiologia viral;
- Teste de HIV na suspeita de patógenos incomuns em pacientes com síndrome clínica compatível;
- Testes sorológicos para fungos em pacientes de áreas endêmicas ou imunocomprometidos;
- Títulos de ASLO em crianças com suspeita de febre reumática;
- Testes para micoplasma, mononucleose, toxoplasmose, lúpus eritematoso sistêmico e artrite reumatoide;
- Dosagens de TSH e T4 livre para excluir hipotireoidismo;
- Dosagens de creatinina e ureia na suspeita de uremia.

PERICARDIOCENTESE E BIÓPSIA PERICÁRDICA

Na vigência de tamponamento cardíaco, a punção terapêutica deve ser realizada. Em pacientes imunocompetentes com pericardite aguda não-complicada, sem tamponamento cardíaco, a pericardiocentese ou a biópsia diagnóstica não se justificam, exceto em pacientes onde há suspeita de pericardite purulenta, ou seja, quando há a presença de toxemia que sugere o acúmulo de líquido purulento, ou em pericardite de evolução prolongada (acima de 10 dias).

Aspecto do líquido:

- Amarelo-citrino: vírus e tuberculose;
- Purulento: bactérias;
- Hemorrágico: neoplasias.

TRATAMENTO

O tratamento objetiva melhorar a parte sintomática e eliminar a causa etiológica da pericardite. O primeiro passo é estabelecer se a pericardite está relacionada a um problema de base que requeira terapêutica específica. Em doentes com uma causa identificada, exceto doença viral ou idiopática, é indicada a realização de terapia específica adequada à desordem subjacente:

- Pericardite urêmica e insuficiência renal: intensificar os procedimentos dialíticos, ou mudar para diálise peritoneal;
- Processos infecciosos ou parasitários: eliminação dos agentes com drogas específicas, lembrando que muitos antibióticos não atingem níveis satisfatórios no saco pericárdico;
- Processos virais: tratamento de suporte sintomático, podendo ainda utilizar agentes antivirais.

Nas pericardites de origem viral ou idiopática, terapias rigorosas não comprovaram eficácia na prevenção de complicações graves, como tamponamento cardíaco e pericardite constritiva, que felizmente são raras.

ANTI-INFLAMATÓRIOS NÃO-ESTEROIDES

No tratamento da pericardite idiopática ou viral, os objetivos da terapêutica são o alívio da dor, resolução do processo inflamatório e, se presente, eliminação do derrame. A terapêutica primária tem sido a administração de anti-inflamatório não-esteroide (AINE), especialmente ibuprofeno e aspirina, que produzem alívio imediato da dor na maioria dos pacientes, embora não haja provas de que esses agentes modifiquem a história natural da doença. Ketorolac, AINE parenteral, também é eficaz.

A preocupação teórica é que a atividade antiagregante da aspirina ou de outros AINE's possa promover o desenvolvimento de um derrame pericárdico hemorrágico. No entanto, essa relação nunca foi estabelecida e a razão risco-benefício esmagadoramente favorece o uso dessa droga.

CORTICOIDES

Estão indicadas em casos de ausência de resposta (definida como persistência de febre, dor torácica, novo derrame pericárdico ou agravamento de doença geral), dentro de uma semana, aos AINE's ou à colchicina, sugerindo a presença de outra causa, que não a pericardite idiopática ou viral. Podem ainda ser usados nos casos em que a pericardite é parte de síndromes responsivas a estes medicamentos, como as doenças do tecido conjuntivo e a pericardite urêmica.

COLCHICINA

Estudos observacionais sugerem que a colchicina pode evitar a reincidência de pericardite aguda idiopática ou viral; podendo ser usada como tratamento inicial ou nas crises de recorrência, como monoterapia ou associada a um AINE.

ANTIBIÓTICOS

Na pericardite supurativa devem ser utilizados antibióticos específicos, em altas doses, além de drenagem cirúrgica, que se torna obrigatória.

CIRURGIA

A ressecção cirúrgica do pericárdio está indicada nos casos não responsivos à terapêutica clínica, que apresentem recorrência, tamponamento ou quando a pressão venosa permanecer persistentemente alta. Porém, devido ao alto índice de constrição pericárdica, a pericardectomia total deve ser considerada, profilaticamente, em muitos pacientes como parte do tratamento. Apresenta baixa mortalidade e excelente resultado a longo prazo.

HOSPITALIZAÇÃO

Devemos hospitalizar o paciente com pericardite aguda caso apresente:

• Febre > 38°C;
• Início subagudo;
• Imunodepressão;
• Trauma;
• Terapia com anticoagulante;
• Miopericardite;
• Pericardite aguda complicada: derrame pericárdico importante, tamponamento cardíaco, comprometimento hemodinâmico.

REFERÊNCIAS

IMAZIO, Massimo. Evaluation and management of acute pericarditis. *UpToDate*, out. 2008.

LEWINTER, MARTIN M. Doenças pericárdicas. *In:* LIBBY, P. *et al. Braunwald: tratado de doenças cardio-vasculares.* 8ª ed. Rio de Janeiro: Elsevier, 2010.

PÓVOA, Rui M. dos S.; FERREIRA, Celso. Pericardites agudas. *In:* BORGES, Durval R. *et al. Atualização terapêutica 2005. Manual prático de diagnóstico e tratamento.* 22ª ed. São Paulo: Artes Médicas, 2005.

SPANGLER, Sean *et al.* Acute pericarditis. *eMedicine*, mar. 2008.

SPODICK, David H. Evaluation and management of acute pericarditis. *American College Cardiology Current Journal Review*, v. 13, issue 11, nov. 2004. p. 15-19.

ZANETTINI, João O.; ZANETTINI, Jacira P.; ZANETTINI, Marco T. Pericardites. *In:* MICHIELIN, Francisco. *Doenças do coração.* São Paulo: Robe, 2003.

SIGLAS E ABREVIATURAS

AD: átrio direito

AE: átrio esquerdo

AINE: anti-inflamatório não-esteroide

ASLO: antiestreptolisina O

B1: primeira bulha

B2: segunda bulha

B3: terceira bulha

B4: quarta bulha

BAV: bloqueio atrioventricular

BCC: bloqueadores dos canais de cálcio

BNP: peptídeo natriurético cerebral tipo B (*Brain natriuretic peptide*)

bpm: batimentos por minuto

CIA: comunicação interatrial

CIV: comunicação interventricular

CKMB: fração MB da creatinofosfoquinase

CMPD: cardiomiopatia dilatada

CoAo: coartação aórtica

CPK: creatinofosfoquinase

DAC: doença arterial coronariana

DCC: doenças cardíacas congênitas

DPOC: doença pulmonar obstrutiva crônica

EAb: estalido de abertura

ECA: enzima de conversão da angiotensina

ECG: eletrocardiograma

EM: estenose mitral

FA: fibrilação atrial

FE: fração de ejeção

FEVE: fração de ejeção do ventrículo esquerdo

HAP: hipertensão arterial pulmonar

HAS: hipertensão arterial sistêmica

HSA: hipertrofia septal assimétrica

IAM: infarto agudo do miocárdio

IC: insuficiência cardíaca

ICC: insuficiência cardíaca congestiva

IECA: inibidor da enzima de conversão da angiotensina

IM: insuficiência mitral

IRA: insuficiência renal aguda

IRC: insuficiência renal crônica

LES: lúpus eritematoso sistêmico

MH: miocardiopatia hipertrófica

MMII: membros inferiores

NCMV: não-compactação do miocárdio ventricular

NYHA: *New York Heart Association*

OMS: Organização Mundial da Saúde

PA: pressão arterial

PAP: pressão da artéria pulmonar

PCA: persistência do canal arterial

PID: pneumopatias intersticiais difusas

PVM: prolapso da valva mitral

RM: ressonância magnética

RVP: resistência vascular pulmonar

RVPAP: retorno venoso pulmonar anômalo parcial

SIV: septo interventricular

TAP: taquicardia atrial paroxística

TC: tomografia computadorizada

TF: tetralogia de Fallot

TSH: hormônio tireoestimulante – tireotrofina (*Thyroid Stimulating Hormone*)

VCS: veia cava superior

VD: ventrículo direito

VE: ventrículo esquerdo